中国建筑设计研究院设计与研究丛书

见微知著

低碳交通设计实践

中国建筑设计研究院有限公司　编著

中国建筑工业出版社

图书在版编目（CIP）数据

见微知著：低碳交通设计实践 / 中国建筑设计研究院有限公司编著. — 北京：中国建筑工业出版社，2023.12
（中国建筑设计研究院设计与研究丛书）
ISBN 978-7-112-29494-7

Ⅰ.①见… Ⅱ.①中… Ⅲ.①交通运输-节能-设计 Ⅳ.①U

中国国家版本馆 CIP 数据核字（2023）第 248729 号

责任编辑：陈　桦　杨　琪　张　明
责任校对：王　烨

中国建筑设计研究院设计与研究丛书

见微知著　低碳交通设计实践

中国建筑设计研究院有限公司　编著

*

中国建筑工业出版社出版、发行（北京海淀三里河路 9 号）

各地新华书店、建筑书店经销

北京科地亚盟排版公司制版

北京雅昌艺术印刷有限公司印刷

*

开本：787 毫米×1092 毫米　1/16　印张：12½　字数：211 千字
2023 年 12 月第一版　　2023 年 12 月第一次印刷
定价：**118.00** 元
ISBN 978-7-112-29494-7
（41835）

可持续发展是城乡建设领域各专业都需要研究的核心议题。党的二十大报告提出，"积极稳妥推进碳达峰碳中和。实现碳达峰碳中和是一场广泛而深刻的经济社会系统性改革。立足我国能源资源禀赋，坚持先立后破，有计划分步骤实施碳达峰行动。"伴随我国城镇化进程不断发展的交通系统，在对国家经济、社会各方面产生巨大推动作用的同时，也出现了交通拥堵、空气污染、居民出行距离和在途时间增加等问题。低碳交通已被视为缓解交通拥堵和城市无序蔓延、降低城市能源消耗、促进城乡可持续发展的重要理念。

低碳交通规划设计需要遵循人与自然和谐共生的生态文明思想，以切实可行、有效落地为目标，综合考虑经济成本效益与收益、调动专业人士与人民群众的社会责任，并且能够经得起实践和时间的检验。这需要从大量真实的开发项目中提炼、分析和总结，持续优化，根据项目特点定制方案，而不能简单套用国外成熟经验。本书作者站在实践应用的角度进行探索，对促进行业创新发展、国家经济建设和社会可持续发展都具有重大意义。本书将尊重生态环境、注重环境友好的理念落实到低碳交通体系的规划设计中，对加快推进低碳交通理念在城乡建设领域的贯彻落实具有一定的借鉴作用和参考价值。

中国建筑设计研究院交通规划研究中心自成立以来，配合、支持其院内团队参与了北京冬奥会、雄安新区及众多大型机场和火车站等重大复杂项目，在项目中一直致力于实现"绿色、低碳、环保"的交通规划设计理念，从交通专业的角度落实"以人为本""环境友好""资源集约"的设计思路，也因此获得了业主及合作伙伴的多方认可与好评，对中国建筑设计研究院在城乡建设与大型复杂建筑的项目设计中起到了有力的支撑作用。

希望中国建筑设计研究院交通规划研究中心项目经验的研究成果，能够引发行业内对于"低碳交通"的进一步研讨和研究，为促进我国低碳交通理念的落地实践提供助力。

中国建设科技集团股份有限公司党委书记、董事长温室气体被公认为全球变暖、极端天气频发的元凶，是未来人类生存的巨大威胁。能源与国际政治秩序、经贸格局密切相关，调整优化能源消费结构，减少对外依存，关乎国家能源安全。2020年，习近平总书记在第75届联合国大会一般性辩论上提出我国将"采取更加有力的政策和措施，二氧化碳排放力争于2030年前达到峰值，努力争取2060年前实现碳中和"，将碳达峰、碳中和作为我国的战略目标。构建低碳的新型经济模式，是一条全新的现代化之路，也是一个大国为实现可持续发展而作出的战略选择，代表着国家未来的发展方向。交通运输是社会经济发展的基础，也是高能耗、高排放等问题较为集中的行业。

当前，城市交通拥堵情况日趋严重，不仅增加了居民出行的在途时间，而且产生了较多的交通污染与碳排放。如何让城市交通在"双碳"导向下有序发展，减少交通行为产生的温室气体排放；如何落实节能减排目标，同时提供满足人民生产生活需求的交通运输服务，是交通行业低碳转型面临的巨大挑战。践行低碳交通，对城市建设和促进社会及经济的可持续发展、便利交通都具有重大意义。倡导低碳交通要兼顾人民群众实际需求和社会经济效益，同时最大限度提高管理部门、交通专业人士和广大人民群众的社会责任意识。

一些发达国家在低碳交通转型方面较我国起步早，各国发展低碳交通的背景和手段方式不完全一致，但总体策略上存在共性。借鉴国外交通低碳发展经验，结合我国交通发展特点，站在实践应用的角度，聚焦中微观层面，笔者团队探索出一套由面到点的全要素低碳交通规划设计技术体系，既包括土地的统筹利用，也包括交通设施的供需平衡、交通方式结构优化和多模式城市交通体系构建，在城乡空间规划、交通基础设施、大型公共建筑等经典场景的规划设计过程中，致力于落实"以人为本"的设计初心，实现"绿色、低碳、环保"的交通运输服务，坚持将交通用地一体化、协调生态环境、引导绿色出行、注重慢行环境友好的措施落实到项目规划、设计、建设、运营的全过程，实现人与自然的和谐发展。

在城乡交通规划、设计、咨询工作中，广泛应用低碳交通规划设计技术，是实现交通运输高质量发展和绿色转型的重要战略举措，能有效降低交通行为的温室气体排放和能源消耗总量，满足城市可持续发展的内在要求，让城市发展更生态化、交通组织更高效化、出行方式更绿色化、能源使用更低碳化，共同构建以人为本、低碳韧性、公平包容的"低碳城市共同体"。

本书对中国建筑设计研究院交通专业近年来参与的各类交通规划、设计、咨询项目中所涉及的低碳解决方案进行详细阐述和解读。希望能与城乡建设领域的同行、单位、组织和个人开展交流和分享。由于水平有限，书中难免有错误、不当之处，敬请读者指正。

目录 | CONTENTS

第 1 章

低碳交通
发展综论

低碳交通不是一种新的交通方式，而是一种发展理念和行为方式。低碳交通的核心目标是以节约资源和减少温室气体排放为出发点和落脚点，实现社会经济的可持续发展、遏制全球气候变暖、保护人类赖以生存的环境。

习近平总书记指出，要把碳达峰碳中和纳入生态文明建设整体布局。碳达峰碳中和明确了我国经济社会发展全面绿色转型的战略方向和目标要求，将成为生态文明建设的重要抓手。交通运输领域是碳排放的主要来源之一，而城市交通出行减排是交通运输领域减排的重点。然而，我国机动化进程仍处于快速发展阶段，随着我国汽车保有量持续增长，交通领域将面临较大的减排压力。因此为实现"双碳"目标，我国需要深度关切城市交通低碳转型面临的问题，借鉴国外低碳交通实践的经验，探索总结适合我国的城市交通低碳转型行动路径，在交通规划设计工作中予以实践和应用，科学推进城市交通低碳发展。

1.1 低碳交通的实施背景

1.1.1 动因和承诺

人类活动正在造成全球范围内陆地、海洋和大气变化。2022 年，联合国政府间气候变化专门委员会（IPCC）发布了报告《气候变化 2022：减缓气候变化》。报告警示：全球减缓气候变化和适应的行动刻不容缓，任何延迟都将关上机会之窗，让人们的未来变得不再宜居，不再具有可持续性。

截至 2021 年底，全球已经有 54 个国家实现了碳达峰，这些国家的碳排放总量占全球碳排放总量的 40%。同时，超过 130 个国家和地区通过法律规定、政策宣示和提交联合国承诺等方式，分别提出了自己的碳达峰、碳中和相关倡议和目标计划。

2020 年 9 月，习近平总书记在第 75 届联合国大会一般性辩论上明确提出我国"二氧化碳排放力争于 2030 年前达到峰值，努力争取 2060 年前实现碳中和"。这一承诺，展示了我国积极应对全球气候变化、推动构建人类命运共同体的坚定意志和责任担当，既符合中国的长远利益，也符合世界各个国家和地区的共同利益。

1.1.2　行业的使命

中国"双碳"目标承诺提出后，2021年9月中共中央、国务院印发《关于完整准确全面贯彻新发展理念做好碳达峰碳中和工作的意见》，同年10月国务院印发《2030年前碳达峰行动方案》。碳达峰、碳中和已纳入国家重大战略和生态文明建设的整体布局。低碳、绿色、生态也成为城乡规划和建设领域遵循的基本理念。

交通是国民经济和社会发展的基础和先行官，也是高能耗、高排放等问题较为集中的行业。随着我国经济发展和城镇化进程推进，交通运输的总量还会随之增长。国际能源署（IEA）2021年5月18日发布的《全球能源行业2050净零排放路线图》预测，到2040年，电力领域率先实现零排放，到2050年，电力领域实现一定的负排放，而工业和交通实现近零排放。这说明交通运输领域面临着严峻的减排压力。如何平衡经济社会发展和低碳战略目标，将成为交通行业低碳转型面临的巨大挑战。

为了主动适应建设生态文明和美丽中国的新形势，推动交通行业的高质量发展，达到绿色低碳的新时代目标，中共中央、国务院于2019年9月印发的《交通强国建设纲要》明确提出"构建安全、便捷、高效、绿色、经济的现代化综合交通体系"，并将"绿色发展节约集约、低碳环保"作为未来交通运输发展的战略重点。建设交通强国是新时代赋予交通运输行业的历史使命，交通运输低碳发展是加快建设交通强国的战略目标和关键领域，是实现交通运输高质量发展和绿色转型的战略举措。

1.2　低碳交通发展面临的问题

随着城镇化进程不断加快，城乡居民生活水平迅速提高，使得工作、生活、社交等方面的交通需求更加旺盛，私人小汽车进入家庭变成普遍现象，个体机动化出行大幅增加，城市交通出行结构发生巨变。城镇化和机动化给城市交通带来压力的同时，也造成了能源消耗和碳排放陡增。面对日益严峻的能源资源形势和不断提高的绿色低碳发展要求，我国城市交通低碳发展存在的问题主要体现在出行观念亟待改变、城乡空间发展缺乏交通引导、绿色交通建设有待完善和低碳交通管理体制不健全等方面。

1.2.1 出行观念亟待改变

我国机动化的快速发展体现了我国汽车产业发展、城市发展和城市交通发展的综合成效，明显地改变了人们的生活方式，使人们的生活空间更加广阔，交流更便利，生活半径增大。私人小汽车保有量持续增长，城乡居民对小汽车出行的依赖程度逐步增高。小汽车的使用者在响应"少开车""为环境和社会资源的消耗负责"的倡议中，缺乏主动性，造成了城市道路上小汽车出行量不断增加，城市交通拥堵和环境污染问题凸显（图 1.1）。据公安部统计，截至 2022 年 6 月底，全国汽车保有量达 3.10 亿辆，2022年上半年新注册登记车辆 1110 万辆。全国有 81 个城市的汽车保有量超过 100 万辆，37 个城市超 200 万辆，20 个城市超 300 万辆，其中北京超过 600 万辆，成都、重庆超过 500 万辆。目前交通拥堵已经呈现出从超大城市扩散到一般城市、从沿海城市扩散到内地城市的趋势。随着小汽车保有量迅速增长，城市客运 CO_2 排放量快速增加，低碳交通行动刻不容缓（图 1.2）。

图 1.1　我国部分城市道路交通拥堵状况严重

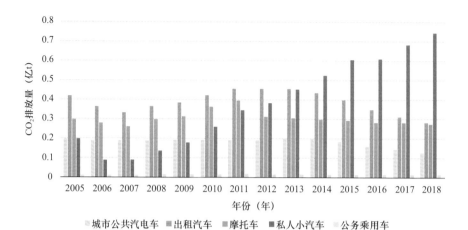

图 1.2 2005－2018 年城市客运 CO_2 排放情况

数据来源：中国交通低碳转型发展战略与路径研究课题组．碳达峰碳中和目标下中国
交通低碳转型发展战略与路径研究 ［M］．北京：人民交通出版社，2021.

·1.2.2 城乡空间发展缺乏交通引导

　　传统交通规划与城乡用地规划没有形成一体化的规划设计互动，未能有效发挥交通对城乡空间结构的引导作用。在传统的圈层式、单中心城市的发展模式下，城市功能汇聚于中心区域。随着城市规模不断扩大，中心区域吸引的交通量逐步增加。同时，中心区域的住宅用地相对不足且价格高昂，职住平衡难以实现，职住分离的情况越来越严重。2022 年 7 月 29 日，住房和城乡建设部城市交通基础设施监测与治理实验室、中国城市规划设计研究院、百度地图联合发布了《2022 年度中国主要城市通勤监测报告》。报告选取的 44 个中国主要城市中超过 1400 万人承受极端通勤（60min 以上通勤）。北京、上海、广州、深圳这四个超大城市的极端通勤平均比重为 19％。其中北京极端通勤的比重达到 30％，是全国极端通勤人口最多的城市（图 1.3）。

　　随着通勤距离和通勤时耗不断增加，交通能源消耗也相应增长。同时供需矛盾日益突出，交通出行难和环境污染问题随之而来。

·1.2.3 绿色交通建设有待完善

　　我国现阶段作为绿色出行方式的公共交通总体发展滞后，公交优先发展

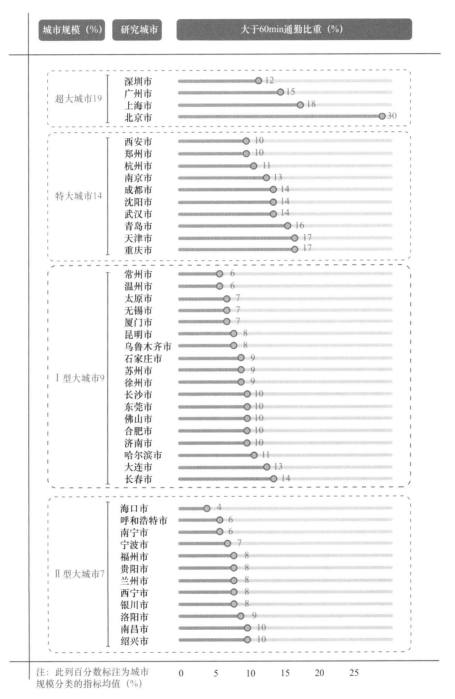

城市规模（%）	研究城市	大于60min通勤比重（%）

图 1.3　2021 年中国主要城市 60min 以上通勤比重

数据来源：住房和城乡建设部城市交通基础设施监测与治理实验室，中国城市规划设计

研究院，百度地图，2022 年度中国主要城市通勤监测报告［Z］.2022：19.

战略没有很好地在城乡规划、设计、建设、运营、配套政策等方面中得到体现和落实。由于保障机制、建设投资等方面的原因，使得公交出行占主导地位的交通出行体系难以实现。我国省会大城市以外的地区公交出行率不足30%，多数城市的公交运行速度低，部分城市中的公交专用道也无法确保公交的准点到达。再加上公交等候时间长、覆盖率不高、换乘不便等原因，导致公交吸引力不高，公共交通服务水平亟待提升。

同时，我国绿色慢行交通设施建设十分滞后，缺乏对绿色慢行交通的系统规划，慢行出行长期受到限制。很多城市初期采用"车本位"的理念，通过拓宽原有道路、新建道路、敷设高架等方式减缓交通拥堵。大量高架道路对城市空间造成割裂，牺牲了慢行交通的便利性，马路对面的目的地近在咫尺，却没有便捷的路径可以抵达（图1.4）。有些城市为拓宽机动车道，缩窄非机动车道和人行道，导致慢行出行环境恶化。人流聚集的商业中心、医院等周边，人行道宽度不足，同时被非机动车挤占的现象很普遍（图1.5）。慢行交通吸引率降低，城市交通更陷入了恶性循环。

图1.4　高架道路及大马路造成城市慢行交通的不便

图1.5　人行道被非机动车随意停放占用，人行道空间过窄

·1.2.4　低碳交通管理体制不健全

城市交通的节能减排工作近年来逐渐得到交通运输等政府部门的重视，但是目前尚未建立关于城市交通的碳排放、能源消耗全面系统的评价体系，难以反映各种交通方式及交通行为的能耗、能效水平。从我国发展现状看，低碳交通技术创新和推广力度亟待加强，城市交通排放和能源管理能力亟待提升。

2015 年，交通运输部发布《交通运输部关于加快推进新能源汽车在交通运输行业推广应用的实施意见》（交运发〔2015〕34 号）之后，国内许多大城市的城市公交车、出租车和物流车辆都已换成新能源汽车。2023 年 7 月 1 日开始，我国全面实施国六排放标准 6b 阶段。新标准进一步降低了汽油车每公里碳排放量，标准的实施对普通燃油车的销售及使用产生了冲击，从而鼓励民众选择新能源汽车。

新能源汽车虽然技术逐步成熟，但是很多城市的充电设施还不算普及，且充电时间长，这些因素仍在制约人们的购买意愿，对新能源汽车的发展造成了一定的影响。

目前，我国对低碳交通出行的激励措施相对较少。智慧交通、共享出行、响应式公交（Demand Response Transit，DRT）、慢行交通等都有利于降低交通出行中的碳排放和能源消耗，但相关政策支持和鼓励措施尚未健全，仍在探索实施的过程中。

1.3　国外低碳交通发展经验

2016 年，《巴黎协定》签署之后，国外许多城市陆续制定了一些城市环境战略发展措施以实现低碳经济发展，应对气候变化。在这些战略中，低碳交通的发展是环境战略的重要组成部分，对环境战略目标的达成具有重大的影响力。近年来，欧洲、日本等国家和地区的人均交通碳排放有一定幅度的下降。这与以公共交通和慢行交通为主导的交通模式选择有关，同时新能源汽车技术、减排激励政策等因素也助力降低人均交通碳排放水平，这些经验对我国低碳交通的发展具有一定的借鉴意义。

1.3.1 美国：减少碳密集型出行

美国拥有世界上最发达的高速公路和民用航空网络，其经济生活高度依赖道路交通，被称为"车轮上的国家"。加上国土广阔、油价低以及生活方式等因素，美国交通运输实际是一种"奢侈型"的能源消费模式。1990—2014年美国交通运输能源消耗引起的碳排放总量呈一定增长态势，占其全国能源消耗引起的碳排放总量的30%左右。美国人均交通碳排放值较高，约为同等发达国家英国、德国、日本和新加坡人均交通碳排放值的3倍。而英国、德国、日本等都选择了以大运量公共交通为主导的综合交通体系，这说明交通模式的选择直接关系到交通碳排放水平（表1.1）。

典型国家交通运输碳排放情况　　　　　　　　　　　　　　表1.1

国家	交通碳排放（万t）	交通碳排放占比（%）	人均交通碳排放（t/人）
美国	170080	33.3	5.40
英国	11400	25.3	1.83
德国	15240	20.0	1.86
日本	21350	17.4	1.67
新加坡	750	16.2	1.39

数据来源：张毅，欧阳斌，等.适应新型城镇化的低碳交通运输发展战略与政策研究［M］.北京：人民交通出版社，2019.

美国以小汽车为主的交通模式使其交通运输碳排放在国家碳排放总量中占有较高的比重。为降低碳排放，美国洛杉矶气候行动和可持续发展区域合作组织于2016年发布《大洛杉矶：气候行动框架》（*A Greater LA：Climate Action Framework*），提出了协调交通运输与土地利用，从而减少碳密集型出行活动的战略。为降低交通行业碳排放水平，注重从城市与交通协调、交通方式结构优化、改进排放技术和提高能源利用效率等角度制定减碳措施。具体措施包括：

（1）采用新的土地使用规划设计模式

在公共交通设施附近开展紧凑的开发，并改造现有的郊区单户住宅区，使之更适合步行、自行车和公共交通的出行。

（2）优化交通结构

通过控制高碳机动化方式、改进公交的服务、完善自行车交通等措施减少民众对小汽车的依赖。基于低碳交通理念，优化更新现有交通硬件设施设计，鼓励车辆共享、拼车和绿色环保的替代型出行方式。

（3）立法保障公共交通资金投入

制定扶持公共交通系统的相关政策，鼓励发展公共交通。通过设计和改造交通基础设施，改善公共交通、行人和自行车出行环境。

（4）鼓励采用"零碳"能源

通过大规模采用电池电动车，使用低碳生物燃料和氢燃料来降低汽车尾气的碳排放。

1.3.2 日本：东京零排放战略

东京市在交通减碳方面，注重优化交通方式结构，通过轨道交通引导城市空间布局等手段的应用，实现交通与土地利用协调、交通方式低碳的目的。东京拥有世界上最为庞大的城市轨道交通网络，尽管部分运营商之间相互独立运营，但它们的高频率运行、高质量服务依旧为乘客提供了高效且便捷的出行方式；地铁线路和通勤铁路之间贯通运营，且铁路发车间隔时间短、速度快，为每日通勤乘客带来极大的便利。东京步行、自行车出行占比超出其他世界级都市，私家车和摩托车反而在城市交通中占次要地位。尽管如此，日本的碳排放依旧位于全球第五，且来自交通的排放占了很大一部分。东京都环境局于 2019 年发布《东京零排放战略》（*Zero Emission Tokyo Strategy*），并针对交通部分提出了《东京零排放车辆推广战略》（*Tokyo ZEV Promotion Strategy*）。2021 年，东京都环境局发布了《东京零排放战略：2020 更新报告》（*Zero Emission Tokyo Strategy：2020 Update & Report*），文件指出到 2030 年，东京将停止销售新的纯燃油车。以上文件包括以下重要措施。

（1）制定零排放车辆发展目标

到 2030 年，东京将逐步淘汰新的汽油车，将温室气体排放量减少到 2000 年的 50%，并将可再生资源发电的使用率提高到约 50%；2035 年完成汽油摩托车全部淘汰。

（2）保障零排放车辆基础设施

《东京零排放车辆推广战略》提出，大量增加公共快速充电基础设施、普通充电桩和氢能充电站。同时，将会对安装、运营企业大量补贴安装费、地租以降低充电/氢气站安装成本。

（3）推广零排放车辆使用

《东京零排放车辆推广战略》提出通过新政策和财政补贴提升新能源汽车

的使用比例，比如补贴购买零排放车辆的个人以及公司，推动汽车生产商发展多样化的车辆模型结构，研究可以鼓励零排放车辆引入的机制等，使得2030年零排放车辆的市场份额达到新车销售的50%。

日本自2000年后人均交通碳排放呈现下降趋势（图1.6）。除了跟他们选择公共交通和慢行交通为主导的交通模式有关之外，和政府注重新能源、载运工具新技术等方面的研发和应用也有很大的关系。

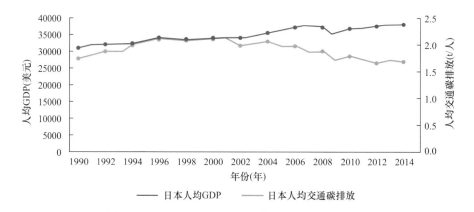

图1.6　日本1990—2014年人均GDP及交通碳排放

数据来源：张毅，欧阳斌，等．适应新型城镇化的低碳交通运输发展战略与

政策研究［M］．北京：人民交通出版社，2019.

1.3.3　英国：伦敦环境战略

2009年英国交通运输部发布了《低碳交通运输：创建更绿色的未来》，明确了英国低碳交通发展的目标、必要性和实现途径。伦敦交通局于2018年发布的《伦敦环境战略》（*London Environment Strategy*）和《伦敦市长交通战略》（*The Mayor's Transport Strategy*）提出了场景城市（City of Places）的概念，即通过限制交通、发展TOD（transit-oriented development，公交引导城市发展）模式、规划混合土地使用、鼓励街道活动等方式将街道创造成一个令人愉悦的居住环境，而不仅仅是作为出发地与到达地之间的载体。主要包括如下措施。

（1）征收交通拥堵费

伦敦自2003年开始实行交通拥堵收费政策，据评估至2008年该政策已使得交通拥堵状况较2002年减轻了26%。《伦敦环境战略》提出在现有和拟议计划的基础上，为道路使用者开发一种新的、更复杂的收费方式。

（2）设置低排放区

为控制拥堵和排放，伦敦政府建立了低排放区、超低排放区，并实施道路使用者收费计划。伦敦低排放区政策自 2008 年开始施行，从管制时间、区域、管制对象等方面规定了进入该区域的一系列政策要求。2017 年 10 月以后，伦敦政府在拥堵费基础上征收排放费。《伦敦环境战略》提出将对整个伦敦地区实施更严格的新排放要求，比如零碳排区域。同时，针对已有的低排放区、超低排放区设置更严格的标准，以及扩大它们的应用范围。

（3）鼓励使用节能环保车辆

为鼓励零排放车辆的购买和使用，政府提出了一系列补贴和支持计划，从而更好地完成从传统车到零排放车的转型。2001 年，英国对车辆税收体系进行改进，将车辆税按照碳排放量和燃料类型分为 6 个级别。级别越高，车辆税越低。除了税收，政府还为购买清洁燃料车辆的消费者提供补贴。《伦敦环境战略》提出了一系列计划，如：在 2025 年以前为充电式汽车提供补助金并为零排放车辆免除税收；补贴主动报废的老旧及高污染的柴油车辆；大量安装电动汽车充电桩，并在伦敦及周边设置至少 15 个充氢站；对充电和加油基础设施的进一步投资；降低零排放车辆的停车费等。

（4）鼓励慢行出行

伦敦交通局于 2018 年发布的《伦敦市长交通战略》中的《骑行行动计划》（*Cycling Action Plan*，2018 年）指出，政府将建设一个覆盖全伦敦的自行车网络，提供一个自行车友好的环境。同时，相关部门及企业会推出新的数字式自行车地图以及行程规划工具，并通过桑坦德自行车计划、无桩自行车租赁系统为所有伦敦人提供更多使用自行车的机会。《步行行动计划》（*Walking Action Plan*，2018 年）指出，针对选择步行出行的人群，重塑伦敦街道步行景观，提出健康街道方案。

1.3.4 法国：巴黎气候行动计划

2018 年，巴黎政府绿色公园与环境城市生态局提出了"巴黎气候行动计划"（*Paris Climate Action Plan*），注重通过多层次的交通方式结构引导多心多核的城市空间形态形成。其目的在于通过减少排放和能源消耗、发展可再生能源、适应气候变化以及实施碳中和及碳封存工具，加快地区转型。行动计划提出的低碳交通政策主要包括三个方面：降低排放、鼓励零排放车辆的使用和提倡慢行出行。

（1）降低排放

巴黎气候行动计划提出了设置低排放区、鼓励使用公共交通、减少物流运输途径中的排放、提倡共享交通等方法来降低排放。在城市中心建立物流空间网络，用来缩短物流运送链中最后一个环节的距离。严格限制公务车排量。法国政府严格规定，个人使用的公务车发动机排量不得超过 1.4L，一切超标要求都应向政府报告审批。

（2）鼓励零排放车辆的使用

①为主动停止使用老旧车辆的人提供补贴和支持；②推动自行车棚和充电站的安装；③提出不同车辆不同收费标准的停车价格理念，越清洁的车辆，停车费越便宜，零排放车辆可以免费停车。

（3）提倡慢行出行

为了发展慢行交通，巴黎大区自 2016 年开始开展"巴黎呼吸"（Paris Respire）计划，并在 2020 年将巴黎打造成一个 100％自行车友好城市。巴黎政府为自行车使用者提供了更多的自行车停车位，并建成超过 1000km 的自行车道，建立了一个复杂且舒适的自行车网络。

1.3.5 新加坡：低碳出行网络营造

新加坡注重营造高品质的低碳出行网络。新加坡虽然是亚洲人均收入最高的国家之一，但是其拥有小汽车家庭的比例却很低，人均交通碳排放量低于英国、美国及日本等发达国家。其具体低碳交通措施包括以下方面。

（1）用地规划与交通的协调统一

20 世纪 60 年代后期，新加坡就开始进行土地与交通的长远规划，采取"城市组团"和"混合开发"的发展模式，有效减少了交通出行总量。

（2）小汽车定额分配，控制小汽车的购买

新加坡政府采取了一系列措施来制约小汽车的发展，在新加坡想要购买车辆必须先向政府提出申请，投标购买一张有效期为 10 年的"拥车证"才能购买车辆。

（3）采用收费管理措施限制小汽车的使用

①利用停车费率差异化手段，高峰时段内中心区、商业区的停车收费价

格高昂，使得开车出行成本增加。②征收"交通拥堵费"，向进入城市中心区域的车辆征收拥堵费，鼓励人们采用公共交通或高载客率的小汽车进入中心区。

（4）建设绿道和营造舒适的慢行环境

新加坡建设了150km的环岛绿道，串联全市的绿地和开放空间，使步行和骑行网络连通并环绕整个城市，并充分考虑公共交通站点的步行可达性，修建了连接建筑物和公交场站的风雨连廊，营造舒适的慢行环境，提高整体慢行交通利用率。

1.4 践行低碳交通要旨

为贯彻落实习近平新时代中国特色社会主义思想，实现国家应对气候变化提出的碳达峰碳中和承诺，中共中央、国务院印发的《交通强国建设纲要》制定了"绿色发展节约集约、低碳环保"的发展战略。但是在实际的发展过程中，落实上述发展战略仍面临一定挑战与问题。结合国内外相关经验可以看到，践行低碳交通规划设计需要以"公共交通＋慢行交通"为抓手，并从顶层规划、具体设计、建设、管理执行等各层面逐级完善配套建设。

发达国家在城镇化快速发展的过程中对交通发展进行了长期的探索并积累了丰富的落地经验。各大城市的低碳交通经验可概括为四个层面：交通规划层面控制出行总量和距离、交通设计层面控制高碳机动化方式、交通管理层面控制单位客运排放和交通科技层面控制交通工具碳排放。这四个层面的具体工作为我国低碳交通发展提供了借鉴和一定启示（图1.7）。

1.4.1 交通规划：控制出行总量和距离

（1）公共交通引导城市发展

城市交通规划对土地开发和空间发展形态具有很强的引导作用。通过交通规划引导城市发展，推动紧凑型城市的发展模式，从规划层面有利于推进集约低碳的交通出行方式的发展，减少人均出行碳排放，从而降低交通运输领域的能源消耗和碳排放水平。

英国、法国、日本等国家的核心都市很早就通过 TOD 模式，在城市规划建设进程中，城市交通与土地利用和城市协调发展，鼓励城市立体发展，实

图 1.7　国外低碳交通经验启示

现土地高密度开发，协调城市公交网络与城市土地开发利用。通过公共交通支撑土地紧凑型利用，节约土地资源，缓解城市交通拥堵，减少碳排放；同时可以在城市市域范围腾出更多的绿地空间，有效地改善城市生态环境，提高城市碳汇能力。

（2）交通与用地协调

城市交通系统与城市的土地空间形态是同步发展的，二者相辅相成、相互作用。《大洛杉矶：气候行动框架》中，注重交通与用地的协调，改造现有的郊区单户住宅区，使之更适合步行、自行车和公共交通的出行，改变严重依赖小汽车的出行方式。新加坡在 20 世纪 60 年代就开始进行土地与交通的长远规划。

（3）职住平衡减少出行

建设功能混合的城市单元，促进区域职住平衡。在区域规划过程中，将居住、就业和生活服务设施混合布局，围绕产业布局和特色产业导入，设置产业配套生活服务用地。这种混合型开发模式可以减少大规模潮汐式的出行需求，从需求端减少交通出行总量和出行距离，避免新城成为以居住功能为主的区域。

综合国际大都市圈和城市群的发展经验及上海新城自身的发展特征，《上海市城市总体规划（2017—2035 年）》明确提出"重点建设嘉定、松江、青浦、奉贤、南汇等新城，培育成为在长三角城市群中具有辐射带动能力的综合性节点城市，按大城市标准进行设施建设和服务配套"。所谓综合，是强调二三产融合发展，居住与交通、就业、公共服务等功能联动、空间统筹，实现产城融合、职住平衡，形成良好的人居环境品质。不要造成人住在郊区，上班在市区，防止形成潮汐式交通。

1.4.2 交通设计：控制高碳机动化方式

（1）提高公共交通出行服务品质

优先发展公共交通，提高公共交通分担率，不仅有利于缓解交通拥堵、减轻环境污染，而且可提高城市道路资源利用效率。

公共交通是碳排放低、运输效率高、可持续发展的绿色交通方式。在满足相同交通需求的前提下，公共交通的运能是小汽车的十几倍，以公共交通为主导的出行模式可以显著降低交通碳排放水平。

实现"公交快于小汽车"的目标，需要全面实施公交优先战略，提升公共交通的便捷性和舒适度，依靠服务品质提升公共交通的吸引力；需要将公交路权优先政策纳入法制轨道，发展快速公交系统，建设综合交通枢纽，支持多种交通方式无缝衔接，改善公共交通乘车环境。欧洲、日本、新加坡等国家和地区除了建设各级轨道交通网络等基础设施，还在引导公众使用公共交通方面配备了人性化的设施和服务，有效提高公共交通系统整体服务水平。

落实公交优先还需要组合拳，通过经济杠杆限制小汽车出行，为公共交通提供长期补贴政策，建立有吸引力的票价体系。

（2）大力发展慢行交通

完善城市慢行交通系统，保障步行和自行车通行需求。

慢行交通作为城市公共交通系统的重要补充，承担着"最后一公里"的重要作用。伦敦、巴黎等城市均提出建设自行车友好型城市，完善自行车路网、停车等基础设施，重塑街道慢行景观。丹麦的哥本哈根作为自行车出行的典型代表，该市自行车设施极为完善，自行车出行率高达40%。

我国应通过制定有效的慢行交通政策，开展城市慢行系统规划，建设自行车专用道和步行专用道，保障慢行交通基础设施建设，鼓励公共自行车租赁服务，加强营造安全、连续、舒适、通畅的慢行交通空间，促进公众使用自行车和步行作为主要的交通出行模式。

（3）交通精细化设计

坚持以人为本的交通精细化设计，如"15分钟生活圈"的打造，轨道交通枢纽的无缝接驳，交通微枢纽的可达性提升等，将交通功能与用地紧密结合，实现使用者视角的精细化设计，提升低碳出行方式的体验感和吸引力。

1.4.3 交通管理：控制单位客运碳排放

（1）运用综合性政策手段实施交通需求管理

许多城市的实践已经证实，实施交通需求管理，能够有效降低小汽车出行总需求。根据城市自身资源状况，运用经济、行政和法律手段，对小汽车使用采取必要的引导和控制措施，对机动车拥有量和使用加以限制，实行错峰出行，调控交通时空分布。

利用停车收费政策调整不同区域的收费标准，鼓励汽车合乘，建立完善的需求响应式服务，减少营运小汽车空载率，缓解城市交通拥堵，提高出行效率。

（2）完善智慧交通管理系统

结合智慧城市运营系统，建立完善智慧交通管理系统，实现各类交通出行方式的预测、诱导、监控和管理。通过智慧交通管理系统，全面提高各类交通工具运行效率，提高交通设施的使用效率，从而减少整个交通系统的能耗和设施损耗，实现交通运输碳排放水平的总体控制。

（3）树立低碳交通出行观念

如果不能转变社会观念，不论交通基础设施和技术手段多么先进，也无法真正实现城市交通低碳绿色转型。

城市低碳交通建设首要是满足人的多样化城市活动需求，而不是仅仅服务于小汽车出行。把优先权赋予高乘客运载量、低能耗、低污染、更绿色的交通方式，才是我们倡导的正确出行观。

同时，城市慢行交通的发展必须得到足够的重视，营造舒适、安全、畅通的交通环境，才能让更多的人主动放弃使用小汽车出行，转而使用其他绿色交通出行方式。

推进交通低碳发展要发挥激励和奖惩机制的作用，充分利用政府平台、媒体等手段加大宣传力度，营造绿色交通文化，让公交优先观念深入人心，让绿色出行成为人们广泛接受的一种生活方式。如丹麦环境保护部和交通部联手发起"绿色出行周"活动、"无车日"等活动；欧洲有1250个城市签署宣言，参加欧洲交通周活动，倡导绿色交通出行，活动期间提供免费乘车服务，鼓励"公交＋自行车＋步行"的出行方式，培养公众低碳出行的习惯，树立节能减排的交通消费观。

1.4.4 交通科技：控制交通工具碳排放

（1）推进机动车清洁能源替代

加大对新能源汽车的政策支持，鼓励政府机关、公共机构、公共交通企业推进燃油车替换，提高新能源车辆所占比重，降低交通运载工具的能耗和碳排放水平。综合运用政策、价格、投资、宣传、教育、运输组织等手段，促进私家车、公交车、货车从传统车辆向新能源汽车转换。

（2）研发、推广智能驾驶等先进技术

为控制交通工具单位碳排放量，需要促进机动车清洁能源替代，辅以智能驾驶等科技。完善清洁能源配套布局网络，如充电设施、加氢站等，全面提升新能源供给便利化程度，切实提高新能源车辆的吸引力。新能源车结合智能驾驶、生态驾驶等科技，可提高车辆运行效率，改善驾驶行为，从而进一步降低单位车辆碳排放水平。

第 2 章

低碳交通设计技术体系

2020年交通运输部、国家发展改革委联合印发《绿色出行创建行动方案》，明确提出"通过开展绿色出行创建行动，倡导简约适度、绿色低碳的生活方式，引导公众出行优先选择公共交通、步行和自行车等绿色出行方式，降低小汽车通行总量"。低碳交通体系是对城市空间布局自上而下的优化，其倡导交通土地一体化，注重公共交通与用地协调发展，鼓励人们选择低碳出行方式，推广"公交＋慢行"的交通模式，实现同等的出行距离下碳排放降低的目的。在城市片区开发和大型公共建筑设计过程中，考虑交通优先级，用高效、集约、精细化的交通设施设计，提升绿色出行的舒适性和吸引力。同时，推动"以车为本"理念向"以人为本"理念转变，推动"高能耗、高排放、高污染"的机动化交通模式向"绿色、低碳、环保"的绿色交通模式转变，推动交通"单专业"工作模式向"多专业"融合工作机制转变，切实做到将协调生态环境、注重环境友好的措施落实到低碳可持续的交通规划、设计、施工、运营全过程当中，全面提升环境保护水平，实现交通与自然环境的和谐发展。

2.1 低碳交通设计内涵

2.1.1 价值导向

交通系统是城市整体系统的一个重要子系统，可实现人与物在城市内部和城市之间的流动。城市交通是由交通参与者（人与物）、车辆、交通基础设施以及交通管理等基本元素构成的复合系统（图2.1）。在机动车出现之前，城市交通方式以人力和畜力为主要运输动力来源，伴随工业革命带来的机器和能源使用，在大幅提升了人类出行和运输速度的同时，城市交通系统的熵增发展与碳排放方式也不可避免地对地球环境造成了负面影响。

我国在工业化和城镇化的快速发展时期，交通规划设计方式以发展和效率为出发点，机动车出行的可达、高效、便捷成为首要考虑因素。而随着国家发展阶段的转型和生态文明建设的深入，交通领域也随之需要向低碳价值

图 2.1　低碳交通设计参与要素

导向转变。低碳交通以降低能耗、排放、污染为主要限制性目标，针对交通需求管理、交通体系建设及政策制定等方面形成对低碳型社会的支撑。在低碳交通规划设计实施过程中，低碳、安全、高效、集约是主要考虑因素。通过构建以公共交通和慢行交通为主体的综合交通服务体系，推广绿色出行模式，对小汽车的使用加以管控，确保低碳、集约的交通方式具有更高的优先级，将有限的空间资源向低碳交通方式倾斜。由此，结合上述方向和评价标准，构建低碳交通规划设计技术体系的价值基础。

（1）需求减量

降低交通系统碳排放的路径之一是进行出行需求管理，用主动交通需求管理的方式，代替为追逐交通量增长而增加基础设施供给的被动应对方式，通过交通与土地利用一体化实现交通出行总量的减少。在土地和空间资源日益紧缺的背景下，合理利用土地、优化城市形态，从根本上降低交通需求，进而减少城市交通系统的能耗及温室气体排放。用需求管理的思想来实现低碳的目标，促进人们交通方式观念的转变，优化交通出行效率，提高出行选择的合理性。

（2）转变方式

针对传统交通规划设计方法的不足，加强对小汽车的管理和控制，在交通规划中构建以慢行交通和公共交通为主体的绿色综合交通体系，提高绿色交通方式出行比例，向步行、非机动车、公共交通等交通方式倾斜更多的资源，有效推进城市交通向"通达、有序、安全、舒适、低耗能、低污染"的可持续交通模式转变。

（3）提升效率

在大气环境污染气体的排放中，私人小汽车是城市交通运输系统中主要的 CO_2 排放来源，车速低于 20km/h 的交通拥堵运行工况进一步提高了车辆的 CO_2 排放。因此，建立一体化综合交通系统、提高道路交通运行组织效率、疏堵保畅，是实现低碳交通目标的有力抓手。

（4）改善环境

推进慢行交通友好模式，制定人车和谐的交通政策，优化道路空间分配，改善城市步行及非机动车交通环境，是建设安全、舒适的道路交通环境的重要支撑，是推进绿色交通和低碳社会形成的重要手段。在多种交通方式衔接组织设计上，应特别重视公共交通与慢行交通的综合换乘体验，同时推行小汽车限制使用政策，完善基于区域及空间的适度差异化调节。在城市交通全出行链中，进一步提升公共交通的竞争力，从根本上明确低碳交通在城市交通体系中的主导地位，促进城市经济的发展，构建人车共存、协同运行的综合交通体系，打造有温度的城市低碳交通环境。

2.1.2 技术原则

低碳交通设计遵循以下原则（图 2.2）：

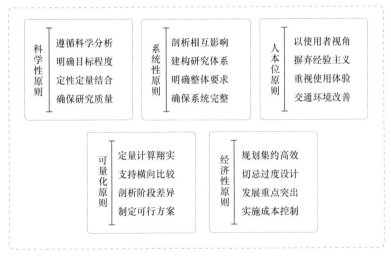

图 2.2 低碳交通设计原则

（1）科学性原则

在绿色低碳交通发展目标引领下，低碳交通规划设计遵循自然规律与科学分析程序，运用科学的思维方式，建立全面、完整、具有针对性的规划设计体系，明确不同层面、不同阶段、不同类型的交通规划设计方法之间的独立性和一致性，共同促进交通领域综合低碳的实现。此外，由于低碳交通领域部分因素难以精确量化，需充分考虑并建立合理的综合性研究方法，充分结合定性和定量方法，确保规划设计过程与结果的科学性。

（2）系统性原则

注重绿色低碳交通发展的系统性，外部的经济、社会、资源环境系统和内部的设施、道路、交通参与者系统相互嵌套、相互联系，彼此互相影响。开展低碳交通的研究，不能孤立地考虑某一方面的低碳，应该放到大交通系统的整体去权衡，以整体的绿色低碳为目标来协调单一解决方案，使之符合城市整体交通低碳体系的经济、社会、资源环境和城市发展的特性。

（3）人本位原则

传统交通设计通常是站在"上帝视角"，而低碳交通规划设计应立足于交通使用者视角，摒弃一味沿用标准与规范进行交通设计的经验主义，更适应日益复杂的交通环境。将交通方案设计与使用者体验结合，进一步完善交通规划与设计技术体系，体现"以人为本"的设计思想。

（4）可量化原则

规划设计中的技术部分应当有翔实的定量计算或有可靠的数据来源。相同量纲研究体系得出的结论可以进行横向比较，通过充分对比城市之间的发展差异，直观体现城市低碳发展的不足之处；针对同一个城市不同发展时期，量化体系也可直接分析对比阶段差异，制定切实可行的规划设计方案。

（5）经济性原则

我国人均资源相对有限，土地是城市的载体，规划设计中应重点落实集约设计，珍惜有限的城市土地资源。交通基础设施应当以需求为导向，在科学保留设计冗余的基础上，切忌过度设计。同时，改善方案也应重点考虑实施成本，尽量避免大拆大建。

2.1.3　设计理念

（1）以人为本的发展思路

城市交通系统的核心是满足人的居住、工作、教育、医疗和娱乐等多种目的出行活动。以人为本的交通发展理念，起源于交通发展过程中对环境及参与者的思考，在过往以车为本的城市发展和交通规划设计过程中，出现了片面追求车的发展和道路建设的现象，忽视人行道、自行车道等慢行设施的建设和维护，造成慢行交通舒适性较差、便捷性不够和慢行环境不友好等问题。

能为人带来最佳体验的交通系统才能更好满足城市运转需要，因此有所侧重地构建特色化低碳交通系统是城市可持续发展的必然途径。在低碳交通规划设计中应突出"以人为本"的核心目标，充分理解交通参与者的活动习惯、活动水平、活动选择和生活模式，以人的需求为核心，兼顾交通安全性、舒适性、便捷性的要求，结合不同区域的特点，因地制宜地设计城市低碳交通运行系统（图 2.3）。

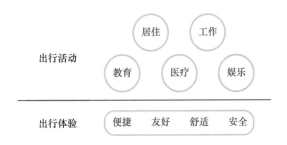

图 2.3　以人为本的低碳交通发展思路

（2）环境友好的发展导向

环境友好是一种人与自然和谐共生的社会形态。在中国共产党第十六届五中全会上，中央正式将建设环境友好型社会确定为国民经济与社会发展中长期规划的一项战略任务。

交通是环境治理的重点领域，交通运输活动也直接影响着城市环境水平。建设环境友好型的低碳交通发展体系已经成为构建环境友好型社会日益紧迫的现实要求。低碳交通应注重环境和需求的协调互动，强化战略规划，加强政策扶持，大力发展绿色交通，鼓励清洁能源的使用，落实交通基础服务设施建设。致力打造舒适、高效、便捷的公共交通体系和安全、连续、温馨的慢行交通体系，同时加强行业秩序监督管理和考评，形成完善的绿色交通运营管理体系，从规划、设计、施工和治理全过程，全面提升环境保护水平，实现交通运输与自然环境的和谐发展（图 2.4）。

图 2.4　环境友好的低碳交通发展体系

（3）资源集约的发展需求

随着近年来经济的高速发展，城市交通需求急剧增加，私家车数量快速增长，现阶段城市交通系统通过大量消耗资源来实现交通设施数量和规模的扩张，增长方式相对粗放，集约程度较差，这种外延扩张型的发展模式不可持续。节约资源是保护生态环境的根本之策，扬汤止沸不如釜底抽薪。习近平总书记在中共中央政治局第二十九次集体学习时指出，要抓住资源利用这个源头，推进资源总量管理、科学配置、全面节约、循环利用，全面提高资源利用效率。

在低碳交通发展中必须坚持资源集约发展理念，优化交通结构，明确实施主体与参与者需求一致的综合发展策略，构建"以轨道交通为骨干、以常规公交为主体、多种交通方式互相补充"的城市交通发展模式，从需求与供给两个维度，制定交通协同发展政策，落实交通需求管理，避免一味增加机动车交通设施供给带来的更多隐患，减少交通设施建设带来的生态干扰和破坏（图 2.5）。

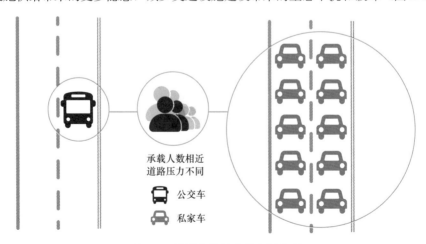

图 2.5　资源集约的公共交通体系

2.2 低碳交通设计工作层次

随着社会经济的不断发展，交通出行方式日趋多样，交通系统与城市环境的互动也愈加频繁，城市交通发展进入了新的阶段。传统交通规划设计方法对空间、土地、人口、社会活动等缺乏有效的统筹，对社会环境特别是资源环境的协调互动机制尚待建立。低碳交通设计是在传统规划设计体系的基础上，在交通需求管理、土地利用、环境资源平衡、绿色交通、出行服务体系等领域实现全方位优化提升，进一步明确指导理念，剖析设计内涵，并从综合交通规划、专项交通规划、交通详细规划设计和交通咨询工作着手，充分总结传统规划设计方法的不足，针对性建立低碳交通理论体系（表 2.1）。

传统交通规划设计方法与低碳交通设计方法主要特点对比　　　表 2.1

比较类别	传统交通规划设计方法	低碳交通设计方法
综合交通规划	满足交通需求 服从用地规划指导 对生态环境承载力考虑不足	交通需求管理 交通与土地相互协调 明确规划各阶段生态环境约束
专项交通规划	重视机动车出行 出行服务单一 绿色交通规划缺乏	深入推进公交优先发展 提升出行信息服务水平 重视绿色交通专项研究
交通详细规划设计	优先保障机动车通行 对慢行品质关注度较低 以机动化服务水平评价	优先考虑绿色交通方式 提高慢行空间舒适性 以可达性及综合服务水平评价
交通咨询	相对独立设计 仅考虑交通需求是否满足 缺乏绿色交通整合设计	公共交通导向设计 减少非必要的交通需求 完善绿色出行接驳

低碳交通的研究范畴包括由面到点的全要素交通规划设计，既包括交通与土地利用的统筹，也包括交通设施与需求的统筹，通过城市交通方式结构的优化，合理谋划居民出行系统，积极构建多模式、多层次的城市交通体系。本书研究，不仅包含涉及城市总体的综合交通规划和各专项交通规划，也涵盖交通详细规划设计及交通咨询（图 2.6）。

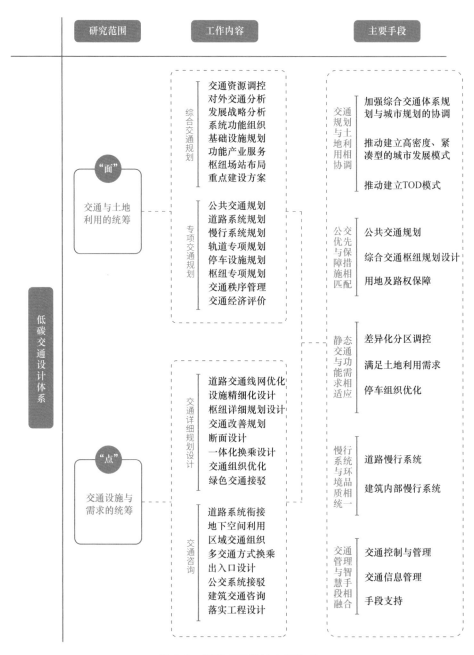

图 2.6 低碳交通设计内容体系

·2.2.1 综合交通规划

综合交通规划按照不同规模尺度，包括城市和区域综合交通规划两个层次。其中城市综合交通规划是城市总体规划的重要组成部分，是政府实施城市综合交通体系建设的重要参考依据。

传统综合交通规划倾向于优先满足交通需求，基本服从上位用地规划，对生态环境承载力的研究较为不足。伴随城镇化的快速发展，综合交通规划进入低碳阶段，应协调交通系统与土地资源，结合实际自然情况确定约束条件，以绿色交通、低碳集约为核心思想，在城市交通各子系统发展中调控交通资源与需求，支撑城市经济的战略性发展，为编制城市交通专项规划和片区交通改善规划等提供依据。城市综合交通规划主要包括城市基本情况调查分析、发展战略、交通系统功能组织、场站规划、道路系统、公交系统、慢行系统、停车系统、近期重大交通基础设施建设安排、保障措施等内容。区域综合交通规划是指行政辖区以内的重要功能区、产业园区等范围的交通规划，也包括机场、火车站、港口、长途车站、公共交通枢纽等枢纽场站布局。

2.2.2 专项交通规划

专项交通规划是服从城市综合交通体系指导的专业性规划，支撑控制性详细规划编制和政府工作安排，与城市建设管理密切相关，涉及城市道路、轨道、铁路、民航、水运、公交、出租车、慢行等系统。

专项交通规划包括公共交通规划、道路系统规划、慢行系统规划、轨道专项规划、停车设施规划、枢纽专项规划、交通秩序管理和交通经济评价等内容。在低碳交通发展背景下，形成较为完善的城市专项交通规划体系尤为必要。规划重点由重视机动车出行逐渐过渡到推进公交优先发展，由单一的交通服务过渡到出行即服务阶段，并综合统筹考虑不同地区发展的现状、潜力和交通需求特点，编制各交通专项规划，因地制宜地选择各地区发展重点和发展方向，科学合理地分配交通资源，坚决避免盲目投资和重复建设，重视绿色交通发展，最大限度地节约资源和保护环境。

2.2.3 交通详细规划设计

交通详细规划设计是片区综合交通体系合理布局和设计的重要基础。交通详细规划阶段一般通过交通承载力模型，从片区层面提出交通组织方案，通过对区域内枢纽、公交、慢行、静态等交通系统的梳理，对上位规划予以支撑。综合考虑用地性质、布局结构、建筑规模影响，对路网规划、横断面形式、站点布设等一系列要素进行全方位统筹，最后反馈至上位规划及交通设计。低碳规划设计进一步调整了优先顺序，将绿色交通方式作为首要关注的重点，提前到机动车通行之前。强调慢行空间的舒适性，从原有机动化服务水平的单一指标评估发展到以可达性及综合服务水平为主的多维评价体系，落实交通组织、街道功能、断面设计、节点设计等工程方案设计，指导工程方案的建设实施。

2.2.4 交通咨询

随着社会的发展，大型公共建筑成为影响城市发展的重要因素，其功能也逐渐复杂化和综合化。各类大型公共建筑与城市交通系统的衔接需要综合考虑建筑所处的位置、建筑形态以及周边区域的交通组织和运行情况。应结合建筑的区位特性和使用性质，在综合研判其交通需求和衔接要求的基础上，减少非必要的交通需求，重点考虑与城市内主要交通节点和片区等重要交通产生和吸引点的联系。从区域路网整体出发，分析新增交通所造成的影响，对出入口和关键节点提出具体的优化设计方案。推动公共交通导向型开发，构建完善的社区生活圈，利用便捷的绿色出行方式接驳系统，实现高效率人性化出行。

针对复合业态、功能多样、立体的各类复杂公共建筑，内部交通的规划设计需要考虑动静交通的平衡。一方面是内部道路、停车场和市政道路出入口等外部交通进入大型建筑场地的交通组织和配套设施设计，从以人为本的角度出发，进一步解决人车冲突问题，避免人车混行，构建系统化的交通标志标线方案，提高交通组织效率，并积极运用信息技术手段，实现建筑综合体交通环境的数字化提升；另一方面是内部空间以步行交通为主的竖向和平面交通组织设计，确保交通设计与建筑整体的规模、布局和组织相协调。在垂直交通咨询工作中，通过对建筑物垂直交通性能和电梯配置方案进行分析比较，在对效率、安全、经济和服务水平等相关子项因素进行评价的基础上，对垂直交通的分布、数量、服务水平提出优化建议，配合多专业共同完成垂直交通布局和参数配置等相关工作，以期实现内部交通系统高效运转，降低建筑整体碳排放。

2.3 低碳交通设计内容

2.3.1 交通规划与土地利用相协调

（1）加强综合交通体系规划与城市规划的协调

在编制城市总体规划时，同步制定城市综合交通体系规划，两者应形成相互协调的反馈机制。从整个城市角度谋划交通规划方案，结合城市土地使用性质，配合城市总体空间布局，规划与之相应的城市交通体系，要实现全面协调，确保交通需求和交通供给的时空对应，实现城市交通系统对城市发展的主动引领作用。合理布局规划综合运输枢纽和换乘枢纽，确保多种交通方式无缝衔接，以满足便捷换乘的出行需求。倡导"轨道交通＋慢行系统""P＋R"（Park and Ride，停车换乘）"高铁＋地铁"等出行模式，充分考虑换乘需求，合理测算交通设施规模，构建以轨道交通为骨架的城市客运系统，特别是在中央商务区、集中政务区、交通枢纽区等区域率先实行；同时通过提高交通紧张地区停车收费标准等限制私人机动交通的"差异化管理"措施，创造公共交通竞争优势，引导市民利用公共交通出行，缓解交通拥堵。在此基础上，要注重公共交通场站建设与土地综合开发相结合，实行同步设计、同步建设，对不同阶段的使用需求均应落实详细的需求分析。

（2）推动建立高密度、紧凑型的城市发展模式

当前我国人口众多，可利用土地资源稀缺，需积极推进紧凑型城市的发展模式，做到城市建设规划与交通规划融为一体，强调土地的混合利用，完善城市功能区建设，拓展地下空间。建设高密度、紧凑型城市，对我国中心城市规划和交通可持续发展具有非常重大的借鉴意义，紧凑型城市需从功能布局上优化职住关系，减少居民的通勤距离，相对降低居民对私人机动出行的依赖，增加居民的慢行交通出行比例，从根源上减少交通能源的消耗。空间资源的优化重构和土地高效利用势在必行，这就需要加强公共交通体系与空间布局、功能组织的协同融合，发挥公共交通体系支撑和引导城市空间紧凑集约布局的作用。

（3）推动建立 TOD 模式

TOD 模式是通过对城市土地和城市交通的协调统一规划，使城市沿着轨

道交通或大容量公交线路进行高密度和多功能的开发，从而减少人们的日常出行量，并使大多数出行通过公共交通来实现，以此缓解因道路上机动车辆过多而引发的拥堵及污染问题。近些年来，随着中国经济的快速发展，私人汽车的数量大幅增加，大部分城市被日益严重的交通问题所困扰。尽管各个城市一直加强城市道路等交通基础设施的建设，但由于缺乏对交通需求的合理引导，基础设施供给常处于被动追赶状态，导致交通供需不平衡问题突出，使城市交通陷入了越建越堵的困境。考虑中国的土地、人口特性及土地利用效率，简单粗暴地通过无限制增加交通基础设施建设，无法解决目前城市面临的交通问题，应在交通规划和设计的过程中，主动融入 TOD 理念，在实际工作中，以公共交通体系为基准，指导城市建设。从城市整体出发，综合考虑城市交通问题，制定合理、协调的城市交通方案。

2.3.2　公交优先与保障措施相匹配

（1）公共交通规划

传统观念认为，公共交通出行服务质量不如小汽车门到门的服务，导致众多城市公共交通分担率不高，公共交通的发展面临严峻挑战。但想从根本上解决交通拥堵、出行不便、环境污染等矛盾，必须树立公共交通优先发展的理念，将公共交通放在城市交通发展的首要位置。遵循公共交通一体化规划思路，应优先协调土地利用方案，开展综合枢纽以及公共交通换乘中心的规划建设，调整优化城市公交线网与节点规划布局，实施公交优先战略，有效落实公交路权优先，设置公交专用车道，发展快速公交系统，提升公共交通系统服务质量，全面提高公共交通服务水平和竞争力；同时，还要编制合理的公交相关规制，调动全社会对公共交通规划实施的积极性。

（2）综合交通枢纽规划设计

针对综合交通枢纽，应优先发展多种交通方式集约布置、立体化布局的综合客运枢纽，支持多种交通方式无缝衔接，改善公共交通乘车环境。场站枢纽建设方面，应向公共交通运输倾斜，通过枢纽设计，实现城市交通与综合客运"零距离"换乘。在规划设计中，应重点研究立体型的换乘枢纽及停车换乘设施，改善换乘条件，缩减换乘距离，并注重内部人行环境与外部慢行系统无缝衔接，提高公共交通分担率。利用慢行交通提高公共交通"最后一公里"的可达性，结合主要公共交通站点的微枢纽建设，完善与周边慢行网络的连接，规划配套的机动车停车区域及自行车停车设施，建立低碳交通"轨道＋公交＋慢行"的出行服务链。

（3）用地及路权保障

应加强与自然资源、规划、建设等部门的协调与沟通，在土地利用规划和城市控制性详细规划中安排城市公共交通设施用地，确保公共交通服务体系的配套建设。在科学论证的基础上，鼓励交通枢纽项目适当提高容积率开发，对城市核心区建设的大型交通枢纽站进行综合开发，最大限度提升土地资源的利用价值，充分发挥 TOD 模式对城市可持续发展的作用。

道路优先使用权是公交优先的重要体现。路权保障是提高公共交通服务水平必不可少的措施，这方面应加紧与公安交通管理部门的协调，在科学、系统的基础上，充分引入公安交通管理部门的前端管理，通过公交专用道、高承载车道等措施，保证公交系统的良好运行；同时，应加强相应的执法管理，落实专道专用。

2.3.3 静态交通与功能需求相适应

（1）差异化分区调控

伴随着新型城镇化发展，城市结构和功能日趋复杂，区域条件存在显著差异。在研究城市静态交通规划问题时，应从整体出发，在考虑区域特性的基础上进行全盘调控，特别是依据区域国土空间规划、公共交通体系规划和道路系统规划等规划方案，结合总体发展和区域社会经济发展需求，把握合理的停车供需平衡。

通过对城市进行停车功能分区划分，落实差异化管理手段，引导小汽车与绿色交通出行的协调发展，实现"以静制动，动静协调"的发展模式。在停车供应紧张区域，若公共交通服务体系可以充分满足出行需求，应适当提高停车成本，引导居民选择绿色交通出行。在城市核心功能区域则应充分推动停车资源合理共享，利用 MaaS（Mobility as a Service，出行即服务）诱导等信息手段，提高停车资源的利用效率。

（2）满足土地利用需求

城市中停车供应存在空间上的不可替换性，停车设施建设对土地开发利用的影响十分显著。合理的配建停车供给可以有效减少对周边公共停车资源的影响并有效提升土地价值，也可以为衍生性社会经济活动提供充分保证。

若缺乏必要的停车设施，人的活动将受到极大限制，严重影响区域的社会经济发展。

静态交通规划设计的核心任务是合理确定停车需求。当建设阶段规划停车位不足时，后期改造难度较高且改造成本较大，同时将会严重影响该地块的土地利用价值。若初期停车设施规划过于宽松，则会造成一定程度的浪费，同时刺激区域机动车出行，造成社会环境的外部成本显著增加。

（3）停车组织优化

静态停车主要分为公共停车和配建停车两种，公共停车可再分为路侧停车和公共停车场两种。在静态交通系统规划中，应坚持配建停车为主，公共停车为辅，优先利用地块内配建停车解决对应需求。其中，配建停车，特别是大型建筑综合体或交通枢纽的停车系统，与城市交通系统的连接十分复杂，当存在不合理的功能设计时，会对周边城市交通系统造成极大干扰。

在停车组织设计中应通过引导系统，尽量缩短车辆的寻路路径，通过简洁的进出场流线设计减少车流交织，并在出入口等关键节点引入渠化设计等手段避免停车行为对过境交通的干扰，在优先满足绿色交通通行需求的基础上，优化停车与人行组织的衔接，确保静态交通系统的实际运行效率。

2.3.4 慢行系统与环境品质相统一

（1）道路慢行系统

城市街道的慢行空间是城市居民活动的载体，《马丘比丘宪章》指出，人的相互作用和交往是城市存在的基本依据。因此，打造高品质、有活力的慢行空间，符合城市居民的精神生活和邻里交往的需求，同时是衔接公共交通出行的必要环节，能够有效提高公共交通出行吸引力。

作为城市最基本、最普及的交通方式，保障自行车和步行交通的便捷、安全、舒适一直是推动城市低碳交通发展的重要抓手。科学规划城市自行车道和人行道，将自行车和步行系统发展纳入城市发展规划，充分发挥我国城市道路规划中非机动车道的既有优势，优化行人过街通道和信号，提高慢行系统安全性，做到人车交通的快慢分离并设置必要的安全措施，保障机动车、非机动车、行人各行其道。结合区域慢行交通需求，因地制宜确定慢行空间尺度的同时，应确保慢行系统的有效通行宽度，可利用行道树或绿化隔离带有效分隔快慢交通，提高慢行舒适性。

（2）建筑内部慢行系统

现代公共建筑具有业态丰富、功能聚集的特征，建筑内部行人交通具有规模大、需求多样、动线复杂、服务水平要求高等特点。建筑内部的慢行系统包括平面交通和垂直交通系统两个方面，遵循静态计算与动态评估相结合的方法，以定量分析为基础，对建筑内部各类人群出行特征、各交通设施功能需求预测、交通设施规模测算、交通组织方案等进行详细研究。通过人行仿真模拟/电梯仿真模拟等技术手段，提前预判方案的可行性、可靠性及可能存在的风险，发现并优化使用率低的空间，寻找最佳的慢行设施布局和组织方案，减少土建成本，提高内部慢行组织效率。

2.3.5 交通管理与智慧手段相融合

（1）交通控制与管理

智慧交通是交通行为动态精细化控制的关键技术途径。在交通基础设施智能化的基础上，利用线圈、视频监控摄像头和激光检测等技术，可实现对交通环境中交通参与者、载运工具、交通设施和环境的全方位动态感知。经过系统分析和决策，可有效实现城市节点、区域乃至城市的动态交通组织优化，形成信号灯配时的精细化控制、MaaS诱导、动态调度以及机动车自动驾驶引导等一系列交通控制与管理方案，大幅提高交通系统的运行效率。

（2）交通信息管理

交通信息管理首先应做好统筹规划，明确主要的建设方向和目标，保证有序、持续的发展。构建健全的信息应用系统是交通信息管理实现的必要条件，通过制定完善的标准，整合各子系统的相关信息，完成交通全周期、全流程业务需求的整合，优化业务配置，进一步规范数据采集至处理全过程的标准技术流程，为大数据分析、城市大脑建设、车路协同提供坚实基础；同时应保证数据的更新频率和质量，为未来发展预留一定的资源。

（3）手段支持

结合交通数据的采集、汇集、交换、处理，设计者可以准确诊断交通系统中可能存在的问题，构建交通设施与数字架构的点对点映射，实现系统与实际工程的同步规划、同步设计、同步建设和同步运维，从技术选型、解决方案、运行管理等层面实现数字化交互，支撑绿色低碳交通向精细化、智能化的转变。

2.4 低碳交通实施策略

低碳交通实施策略主要包括空间减碳、方式减碳、管理减碳和技术减碳等四个方面。

2.4.1 空间减碳——促进交通与空间规划形态协调发展

（1）在各类规划、交通影响评价中协调综合交通系统与用地类型、开发强度的关系，注重公共交通系统引领和混合土地开发（职住平衡）。

（2）围绕公共交通走廊及换乘枢纽，广泛集聚城市功能，实现主要城市功能空间的公共交通组织联系，构建空间集约的城市结构。

（3）以铁路、公交、轨道站点为核心，围绕交通走廊进行较高密度的混合功能综合开发建设，从而减少大规模、长距离机动化出行需求。

（4）持续推动城市道路网络结构完善，提升次支路的路网密度，着重建设及改造次干路及支路系统，强化城市道路网络系统的连通性，践行"小街密路"的城市格局，以步行尺度为单元划分空间，以公交走廊为轴线串联单元。

（5）完善慢行交通系统，优化路权分配，优先满足步行、自行车及公共交通通行和设施空间需求，科学规划城市道路空间尺度及断面形式，保障步行和自行车通行需求，用交通空间的精细化设计带给绿色出行者宜人感受。慢行交通不仅有利于环保节能，而且有利于增进人际交流，释放工作压力，提升城市生活的宜居性。

2.4.2 方式减碳——促进绿色交通与需求协调发展

（1）优先发展公共交通，尤其在城市高密度区域、综合交通枢纽等交通吸发量较大区域，着力打造轨道、常规公交、共享单车、公共自行车、出租车和网约车混合组配的公共交通服务网络，并重点对各类交通换乘、步行区域环境进行设计、改造，不断提升公共交通吸引力。

（2）提升公共交通系统服务质量，构建多模式、多层次、多选择的公共交通体系，满足出行者优先选择公共交通出行的行为需求，全面提升公共交通服务水平和竞争力。

（3）引导社会树立绿色出行意识、培养绿色出行习惯，配合一定的经济手段，同时通过媒介等宣传途径传播绿色出行理念，以政府或公众人物牵头实践低碳出行方式，在全社会营造良好的低碳出行社会氛围。

2.4.3 管理减碳——促进交通供给与资源配置协调发展

（1）实施交通需求管理，降低小汽车出行总需求。在既有的交通基础设施条件下，运用经济、行政和法律手段，按时段、路段、路口、车种、流量分配道路空间资源，同时引导交通参与者选用绿色出行模式，减少高峰时段的小汽车通行量，保持道路交通的有序、高效运行。

（2）考虑持续优化城市机动车停车模式设计，结合主要建筑配建要求，构建以配建停车为主、以公共停车为辅、以路内停车位为补充的城市停车系统，在不同城市功能区规划差异化停车策略，严格控制路内停车供给，保证慢行需求。

（3）在公共交通服务水平较高、小汽车出行比例高的区域实行停车泊位限额供给、减少车位、限时停车和加强违停管理等手段，强制小汽车出行向公共交通转化。科学优化交叉口设计和信号配时，提高交通节点的通行效率。

2.4.4 技术减碳——促进新技术与交通设计协调发展

（1）推广新能源技术是城市交通低碳转型的主要途径之一，应用新能源技术，推动清洁能源替代传统化石能源，通过政策手段推进新能源汽车替代燃油车，为新能源汽车提供良好的发展空间，统筹充电设施建设，利用交通规划设计提高新能源汽车出行便利性，提高新能源汽车比重，降低城市交通体系的碳排放水平。

（2）信息技术的发展为低碳交通规划提供了崭新的视角与技术，切实加大低碳交通科技投入，着力加强 MaaS 模式、车路协同等智慧化、数字孪生、大数据分析的研发和推广应用，将智能化手段融入交通规划中，深入挖掘和还原交通参与者的出行特征和交通行为，明确交通问题的成因，分析城市发展、产业结构、交通选择行为等相关因素影响，构建完整的数字化诊断流程。

（3）建立基于交通大数据分析为基础的交通分析模型，预判交通需求，精准掌握交通运行的特征，找出城市交通问题的瓶颈症结，提出具有针对性的优化措施，对城市交通体系的承载能力和适应能力评估分析，明确综合交通规划、专项交通规划、交通详细规划设计和交通咨询中的战略、模式选择和方案措施，形成科学的综合交通体系规划编制技术体系。

2.5 低碳交通设计实践概要

低碳交通设计在实际工作中，应重点落实"以人为本""环境友好""资源集约"的设计理念，从各个参与要素着手，推动交通出行向低碳模式转变，实现低碳规划设计技术创新，落实低碳交通公平性保障。

中国建筑设计研究院参与制定了众多发展规划，以及各级政府、各类业主委托的项目规划设计任务，始终将服务支撑城乡建设和发展作为重中之重，中国建筑设计研究院已形成了集建筑设计、城乡规划、EPC 工程总承包、文化遗产保护、室内设计、景观设计、智能化设计、工程设计咨询、施工图审查、绿色建筑、建筑产业化、BIM 三维设计技术、海绵城市、智慧城市、建筑标准、工程制图及设备研发、建筑材料及设备研发等设计、技术、科研于一体的集团化产业构架。其中交通业务涵盖城市交通规划、工程设计、建筑交通咨询、运行组织评估等诸多方面，逐渐探索出一套符合低碳发展要求的交通规划设计体系。在随后的 4 个章节中，本书结合近年参与的项目实践，按城乡空间、综合客运交通枢纽、大型活动场馆和城市综合体四个典型场景类型，介绍低碳交通规划和设计实践过程。

第 3 章为城乡空间低碳交通规划设计实例。城乡空间的低碳交通规划设计是促进土地利用相协调的关键，其核心在于建立公共交通指引下的集约、高效、可持续的土地利用模式，根据不同片区的特性，因地制宜地采用规划设计策略和措施，实现最佳的低碳交通实施效果。该章选取了城市更新项目中的大街改造、高教园区、城市老城区，以及生态景区等作为落地案例，描述不同的低碳交通规划设计技术的应用。

第 4 章为读者呈现作为城市交通重要转换节点的综合客运交通枢纽的低碳交通设计，通过供给侧的优化配置，适当限制小汽车出行需求，保障绿色交通方式的出行效率，以实现充分支撑城市中远期的交通发展需要。通过济南遥墙国际机场二期、杭州西站核心区、北京城市副中心站枢纽、临沂启阳国际机场和北京环球影城北综合交通枢纽五个项目，从不同的角度展现了如何将"低碳"的策略贯彻在综合客运交通枢纽设计过程中，服务于各类不同规模、不同类型的综合客运交通枢纽，实现集约、多样、绿色、融合、共享的设计策略。

第 5 章为大型活动场馆低碳交通设计。大型活动场馆是城市生活的主要载体之一，该章把握住交通参与者的主体作用，以人的出行行为串联场馆运行，针对服务大型活动的场馆建筑，以提高慢行系统出行体验为宗旨，引入信息技术手段统筹设施布局和组织方案，构建以绿色交通为主体的场馆交通设施，确保安全、高效、有序的交通运行。通过北京 2022 年冬奥会延庆赛区、北京世界园艺博览会、杭州奥体中心体育场大型晚会、厦门新体育中心和杭州国际体育中心等项目，展示在大型活动中场馆低碳交通设计技术的主要应用。

第 6 章为城市综合体低碳交通设计。城市综合体是现代城市发展中生产生活功能的主要空间、资源和物质载体，是城市交通活动的重要汇聚点。本章遴选了杭州苕溪双铁上盖 TOD 综合体、武汉天河会展中心综合体、重庆中渝广场、上海中银金融中心，以及厦门大悦城商业综合体等实例，阐述如何采用多管齐下、多维整合的设计方案进行系统设计，从末端节点推动城市交通的低碳发展。

第 3 章

城乡空间低碳
交通规划设计

城乡空间的交通与土地利用之间存在互相制约、互相作用的互动关系，城乡空间内的土地利用结构和布局是交通产生和吸引的"因"，决定了交通流量、方式、流向等方面的"果"。以低碳交通规划设计引导城乡空间集约和有序发展，是实现城乡空间低碳可持续发展的主要手段之一。交通规划设计与国土空间规划的各层面均要形成对应关系，确保国土空间规划各阶段的布局和开发建设强度的合理性，引导城乡空间的用地布局、用地性质和开发规模趋于规范，从总体上实现交通系统供给与交通需求的平衡关系。

3.1 城乡空间交通规划设计技术

3.1.1 研究范围与任务

低碳交通规划设计是在传统交通规划设计的基础上，引入绿色低碳设计理念，从而更好地引导城乡空间绿色可持续发展。交通规划设计的范围既可以与各级国土空间总体规划范围一致，也可以是其下辖的行政区范围，或者是某一重点片区。城乡空间交通规划的编制目的为引导集约合理的城乡空间建设，支撑城乡社会经济活动正常运行与有序组织、促进低碳可持续的城市更新。

城乡空间交通规划设计按照政府/开发主体的工作体系，可以分为规划阶段、城市设计阶段和专项设计阶段。交通规划设计的范围和研究内容是依据国土空间规划、建设计划、更新保护规划等上位相关规划和指导意见划定（图3.1）。

城乡空间交通规划设计主要包含以下任务：

（1）规划阶段交通控制要素。国土空间总体规划编制包含各级综合交通规划，通过"交通先行"引导城乡区域有序发展。详细规划阶段需要进行

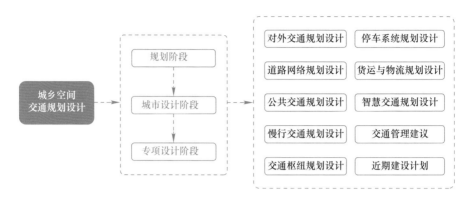

图 3.1　城乡空间交通规划设计研究内容

交通详细规划的编制，具体内容包含：交通需求分析、地块出入口位置、停车泊位、公共交通场站用地范围和站点位置、步行交通以及其他交通设施，规定各级道路的红线、断面、交叉口形式及渠化措施、控制点坐标和标高等。交通专项规划可以是某类专项规划（城市更新专项规划、历史文化名城专项规划等）中的交通专题，也可以是道路系统、慢行系统、公共交通系统等某类型交通系统的专项研究，或国土空间交通相关的专项规划（图 3.2）。

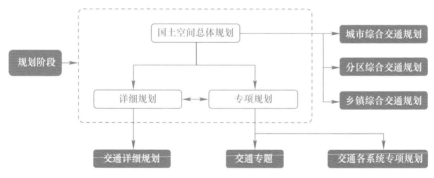

图 3.2　规划阶段交通研究内容

（2）城市设计阶段交通设施规划和方案，一般为城市设计中的交通专题。城市设计交通专题向上是落实总体规划的重要手段，向下是引导交通发展和更新计划的重要依据，包括区域交通规划设计、道路系统规划设计、交通组织方案、交通出行需求分析、交通设施布局及一体化方案、停车设施布局方案、近期建设计划等（图 3.3）。

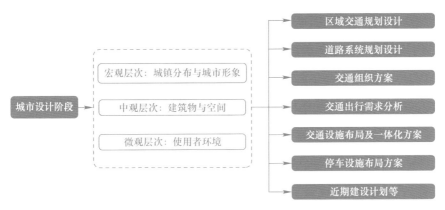

图 3.3　城市设计阶段交通研究内容

（3）专项设计阶段交通设施的详细设计。专项设计是落实上位规划及城市设计的重要环节。交通专项设计一般分为道路工程设计和交通工程设计，其中道路工程设计包括道路平面设计、道路横断面设计、道路结构设计等；交通工程设计包括交通标志、标线设计，交通设施设计，相关大样图设计等（图 3.4）。

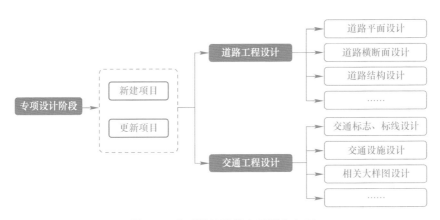

图 3.4　专项设计阶段交通研究内容

3.1.2　技术思路

城乡空间低碳交通规划设计的主要技术思路（图 3.5），可以分为以下三个层面。

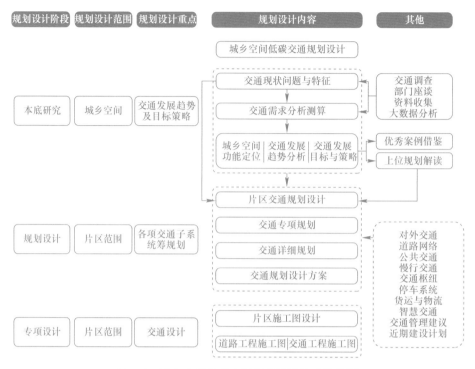

图 3.5　城乡空间低碳交通规划设计技术路线图

（1）本底研究层面，深入分析城乡社会经济、土地利用功能布局、人口就业、产业分布等基本特征，利用数字化专业技术手段，建立交通分析模型，对远期的交通需求进行科学预测。研究城乡空间内部交通和对外交通需求特征和演变趋势，重点对城乡发展功能定位和功能布局、土地利用、区域交通发展要求和规划特征、客货运需求发展、机动化发展、交通结构、交通与土地利用协调发展等进行研究，制定契合城乡空间特点的交通发展目标和策略。

（2）规划设计层面，针对城乡空间重点片区开展交通规划编制，统筹开展对外交通、道路网络、公共交通、慢行交通、交通枢纽、停车系统、货运与物流、智慧交通、交通管理、近期建设计划等子系规划方案制定。

（3）专项设计层面，基于片区交通规划方案，开展施工图设计，做好实地踏勘工作，充分与各个委办局沟通协调，提高公众参与度，确保方案的可实施性。

3.1.3 设计方法

（1）目标导向

① 城乡低碳可持续发展愿景下的要求

交通运输业是我国基础性、服务性、引领性、战略性产业，支撑保障着国民经济平稳健康发展，是推动我国经济社会发展的主要动因之一。在新时代，交通运输与经济的联系将更加紧密，在交通高质量发展过程中，要做到遵循经济发展规律。具体落实到交通规划设计层面，应深入研究在当前时代背景下，建设什么样的交通系统，明晰交通发展的目标是什么，如何对交通发展任务进行阶段分解，以及如何通过交通规划设计的技术手段实现城乡低碳可持续发展的愿景。

② 落实上位规划和规范导则的要求

根据城乡社会经济发展目标，梳理和落实国家和地方编制的最新规范/指南的要求，选择适宜的交通发展模式，确定交通发展与市域城乡空间布局、土地使用的关系，制定综合交通体系发展目标、分区交通发展目标、交通方式分配比例，提出交通发展政策和策略。

（2）问题导向

以低碳交通理念为核心，以调查数据和相关资料为基础，通过反复踏勘、公众参与、案例类比等方法，明确公众提出的交通诉求。通过深入分析城乡交通体系的现状特征，归纳城乡交通存在的关键问题，通过分析交通发展内、外部制约因素，评价城乡交通与经济、资源、环境、城乡建设的协调水平（图 3.6）。

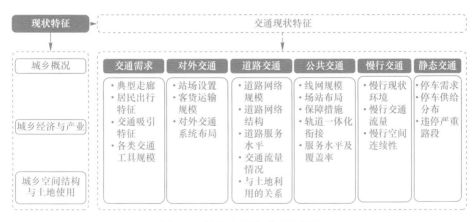

图 3.6　城乡交通体系现状特征

（3）基于多源数据的交通评估

构建基于多源数据的交通出行识别诊断方法，用以高效、准确地评估城乡空间现状交通的出行特征。多源信息采集手段带来巨量的交通数据，对这些交通数据进行的有序化、有效化分析与处理，将促进交通运行体系智能化，促进交通体系的完善，并提高交通运输效率。交通数据（包括：手机信令数据、地铁 AFC 数据、公交 IC 卡数据、浮动车数据、共享单车数据、交通调查数据等）能指导规划设计人员对出行路径、轨道交通、公共交通、车流、非机动车等进行评估和分析（图 3.7）。

手机信令数据

出行路径评估
1.分析居民通勤时间、通勤距离
2.分析片区内的人口出行方向
3.评估热点地区的出行需求

地铁AFC数据

轨道交通评估
1.分析轨道站点分时登降量特征
2.分析轨道接驳方式占比

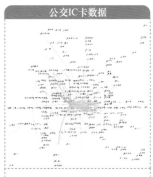

公交IC卡数据

公共交通评估
1.识别地面公交的登降量
2.评估线路及站点设置合理性

浮动车数据

用车评估
1.分析车流主要出行路径
2.判断片区拥堵机理
3.评估片区用车热点区域

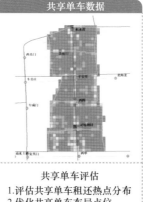

共享单车数据

共享单车评估
1.评估共享单车租还热点分布
2.优化共享单车布局点位

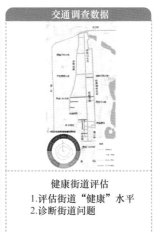

交通调查数据

健康街道评估
1.评估街道"健康"水平
2.诊断街道问题

图 3.7　基于多源数据的交通出行识别诊断方法

3.1.4 设计策略

"低碳"目标给城乡可持续发展提供了核心驱动。围绕"低碳"的城乡空间综合交通核心要求，统筹考虑交通规划和城乡空间土地利用，以及交通规划和环境、资源的统筹关系，将城乡空间低碳交通规划设计的策略总结为"协同规划""公交导向""供需平衡""区域差别""适度超前"。

（1）协同规划：统筹交通系统与土地利用、生态环境、经济发展、社会公平的一体化

根据城乡空间层次划分和空间尺度特点，明确不同空间层次的交通体系构建模式及其与土地协调发展关系，应优先贯彻和落实发展城市公共交通的战略，强调公共交通与土地使用规划的紧密结合（图 3.8）。考虑交通环境容量负荷，以生态环境和资源可持续利用为前提，制定交通发展规划设计。理解城乡经济指标带来城乡空间内的客运需求变化，构建合理的交通系统，促进城乡产业发展。让人民拥有平等享受高质量出行服务的权利，公平分配交通资源。

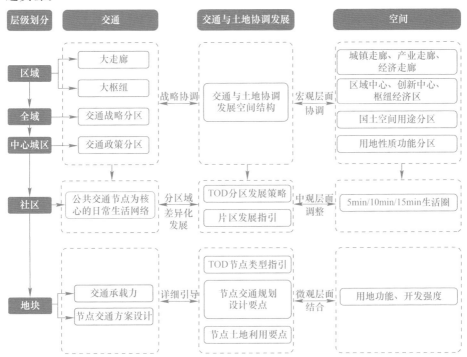

图 3.8 不同层级的交通与土地协调发展策略图

（2）公交导向：优先配置绿色交通设施，倡导交通出行环境低碳化

城市发展的规模和布局等规划，需要有与之匹配的城市公交系统支撑，体现公交优先的发展原则。城市交通资源应优先向集约、低碳、环保的交通方式配置，充分保障绿色交通的出行环境。在需求管理层面，大城市以上规模城市应提出交通需求管理政策，需求管理政策应包括控制私人小汽车使用，提高绿色交通出行分担率的措施。在指标控制层面，城市交通中由集约型公共交通与步行、自行车交通承担的出行比例，远期大城市及以上规模的城市应不低于75％，中小城市应不低于80％。

（3）供需平衡：立足交通与土地利用的供需统筹，注重交通与生态环境的统筹

交通需求产生于城乡土地利用布局结构，城市发展又依赖交通系统的供给。城乡交通问题产生的根本缘由是交通供给与交通需求之间的不平衡，掌握社会经济生活的客货移动需求，才能构造与之相适应的交通供给系统。交通的根本目的是现实人和物的移动，而不是无限度地、单纯地满足机动车辆出行的需求。应通过运用综合交通规划设计，从社会资源投放上，引导交通向合理方向发展，支撑城镇的可持续发展。

（4）区域差别：低碳交通规划是"量体裁衣"式的，需要体现区域差别

重视不同城乡空间在城乡功能、发展定位、现实条件等方面的趋势和发展特征，研判公共交通和小汽车在不同区域内发展定位和功能，继而制定特征各异、适应不同城乡空间的路网规划、公交规划、停车规划、慢行规划等低碳交通规划各子系统。

（5）适度超前：发展布局智慧交通系统，引导交通基础设施前瞻化

城乡交通规划、设计和管理正从信息化跨入大数据时代，适度超前的交通基础设施建设，有利于引领产业发展和促进交通行业转型升级。智慧交通是在智能交通的基础上，融入物联网、云计算、大数据、移动互联等新技术，能够提供面向车辆和出行者的智慧化服务。它能为公众提供更加敏捷、高效、绿色、安全的出行环境，创造更美好的生活。以无人驾驶技术为例，目前无人驾驶是一个全世界范围比较前沿且有可能实现的未来交通发展方向，无人驾驶不仅仅意味着一种交通工具，也是一种新型的"基础设施"，将会对街道的结构产生根本性的影响。国外一些无人驾驶公司已经与设计公司合作，共同谋划未来完整街道的蓝图（图3.9）。作为规划设计人员，我们应当具有前

瞻思维，对未来基础设计布局、应用场景、配套政策等进行思考。

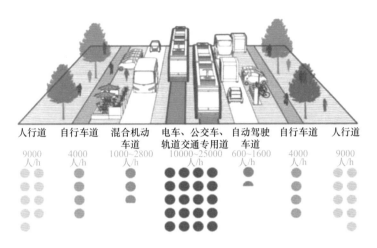

图 3.9　未来无人驾驶标准横断面图片

来源：National Association of City Transportation Officials.

Blueprint for Autonomous Urbanism［R］. 2018.

3.2 降速增绿——北京平安大街环境整治提升

·3.2.1　概述

街道作为城市的公共空间，是组成一个城市空间的骨架，街道更新行动应坚持绿色引领，建设绿色低碳健康发展的城市。平安大街西起官园桥，东至东四十条，是首都功能核心区内"四横两纵"中贯通东西的重要轴线，全长约 7km（图 3.10）。平安大街改造前慢行空间品质有待提升，主要存在慢行宽度不足、空间不连续、舒适性不足（行道树部分缺失、非机动车随意停放、机动车违章停车）、骑行车辆与机动车交织严重等问题。

2020 年 8 月，《首都功能核心区控制性详细规划（街区层面）（2018 年—2035 年）》正式批复，北京老城的保护更新也进入了一个崭新的阶段。核心区控规中明确提出了弱化机动化交通，推动棋盘路网林荫化改造的更新策略，平安大街（西城段）新一轮的街道环境整治与更新工作在此背景下开展。

为落实绿色交通引导的街道更新，贯彻以人为本的发展思路，项目团队提出了"降速增绿"的大街改造策略，从重视机动车通行转变为全面关注人

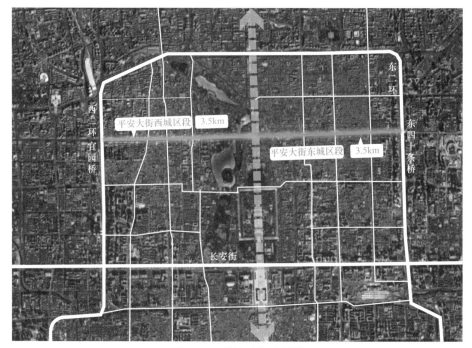

图 3.10 项目区位示意图

的交流和生活方式，具体手段包括：

（1）构建与街区一体化的慢行空间，提升街道活力；

（2）创造一个多功能的慢行环境，提出道路与沿街面一体化开放式设计；

（3）以慢行系统作为道路景观系统的主干，将道路内的社区广场、绿地、口袋公园等点状要素以及轨道站点、公交站点、居住社区内步行通道等交通要素串联起来，形成街区内的公共空间网络，提高街区公共空间品质，形成不同路段各具特色的街区形象；

（4）通过将以小汽车出行为主导的道路功能转型为绿色交通主导，弱化机动车通行功能，保障慢行交通的出行空间，提升公共交通的服务水平；

（5）增加街道林荫化面积，提升碳汇能力。

3.2.2 街道多源数据采集评估

多源数据的街道评估方法能够高效、准确地评估城乡空间现状交通的出行特征。平安大街街道更新不仅采用传统交通调查，通过资料收集、实地调研和交通调查收集交通数据，而且采用基于人工智能技术的建成环境品质探测技术，利用全景采集设备，获取全景视频点位的经纬度、高程、时间等信

息，分析遮阴率、街杆占比、自行车道宽度、人行道宽度、底商密度等分布
情况（图 3.11）。公众作为城乡交通的使用者，也是城乡公共空间的享用者。
因此，公众参与是设计过程中必不可少的环节。为切实了解周边居民的出行
需求，项目团队开展了为期 7 天的公众问卷调查，调研结果表明调查对象主
要关注增设机动车和非机动车停车位、提高绿化覆盖率、解决交通拥堵问题、
增设无障碍基础设施、增加休闲公共场所等。

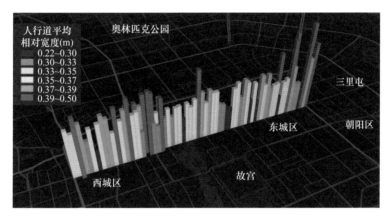

图 3.11　全景采集技术下的街道空间分析（步行空间连续性）

·3.2.3　打造完整林荫街道

机动车的无序增长，导致道路资源向机动车空间倾斜，严重挤压慢行空
间。近年来，随着治理者、业内专家以及民众意识的转变，人们对公共交通
和慢行交通的关注度有所提升，但是对削减机动车空间导致的短期交通压力
过大这一问题，各利益主体仍保持观望的态度。

由于近期内难以直接大刀阔斧地缩减车道数量，此次改造采用以蓝图反
推现实的方法，优先考虑上位规划中的要求，先制定出远期方案，再通过远
近结合的思考，对目标进行任务分解，优先保障人和非机动车的活动空间，
缩减机动车道宽度，全线增加中央绿带，连贯公交专用道（图 3.12）。

·3.2.4　慢行品质提升

平安大街的更新通过林荫大道的建设，多方面提升了慢行交通的环境品
质。在研究改造方案时，优先明确慢行空间提升原则：（1）全面提升慢行空

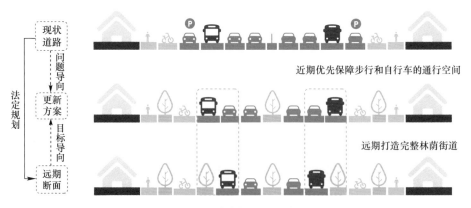

图 3.12　道路断面更新路径

间环境品质，保障全线步行道与非机动车的最小宽度为 3m；（2）建立非机动车的独立路权，避免其与机动车产生交织；（3）加强对违停车辆侵占慢行空间的管理。平安大街全线慢行品质提升具体任务见表 3.1。

平安大街街道更新任务梳理　　　　　　　　　　表 3.1

任务名称	更新方案
满足步行道和非机动车道宽度	步行道最小宽度（净宽）：3m 非机动车道最小宽度：3m
设置过街安全岛（图 3.13）	全线交叉口增设
优化无障碍设施，保障路面平整顺畅	全线优化
优化交叉口路缘石半径	全线路缘石半径改为 5m
设置岛式公交站台（图 3.14）	改造 11 处
公共交通站点、人流聚集点前设置和规范非机动车停车位	全线优化
停车整治	全线设置监控设施
采用"多杆合一"，"箱体三化"（图 3.15）	全线优化

　　街道更新的本质是对于街道空间的重新分配，应全面贯彻绿色发展的理念，将街道的服务重心由机动车转向人，从而为城市更新的绿色发展提供支撑。高品质的街道空间需要对道路、景观、建筑、市政设施等进行一体化设计，对空间分配、场景塑造等进行统筹考虑。街道更新整治涉及多部门、多专业的结合，需要建立跨领域、跨学科的管理平台，确定适用于街道更新整治的协商机制与实施路径，创建绿色低碳街道更新整治体系，从而形成规划、建设、管理一体化机制。

图 3.13　增设过街安全岛前后对比

图 3.14　增设岛式公交站台前后对比

图 3.15　规范非机动车停放及"箱体三化"前后对比

3.3　窄路密网——北京昌平区沙河高教园区

3.3.1　概述

　　合理的路网规划能够引导慢行和公共交通出行优先策略更好地落实，是城市交通低碳发展的关键一环。国内大学城多采用封闭式校园的形式，造成城市道路割裂，破坏慢行空间的连续性。沙河高教园区位于北京市昌平区（图 3.16），其总建筑面积为 710 万 m^2，原规划路网沿袭大街区、宽马路模式，忽视了大学城内人们的日常生活空间，不利于慢行系统发展，导致小汽车出行率居高不下，容易造成交通拥堵，交通碳排放随之加剧。本次规划基于对国外大学城路网规划案例分析，从道路结构、街区尺度、街道设计三个层面进行研究，提出沙河高教园区采用"窄马路、密路网"规划模式，重点优化道路网结构，避免过境交通穿越大学城，提高路网密度，缩小街区尺度，采用稳静化设计营造连续、舒适、便捷的慢行系统，引导出行方式向绿色低碳转移。

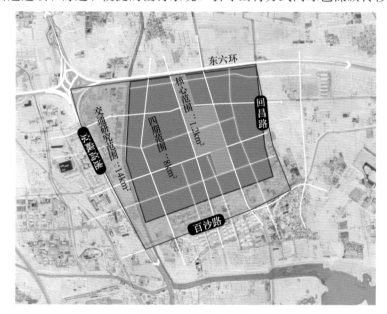

图 3.16　项目区位图

3.3.2　大学城路网特征梳理

（1）道路结构

坎布里奇、曼哈顿、剑桥郡、牛津、慕尼黑等大学城的一级道路主要在大学城的外围环绕布设，承担快速过境交通，与大学城内部交通完全分离，具有分离过境车辆的作用；二级道路多呈放射状，与外部一级道路实现衔接，便于区内交通与外围交通的联系，承担大学城进出交通需求；三级道路一般以不规则方格型路网以及毛细血管式路网为主，多为单向交通，承担大学城内部生活性交通，密度较高。低等级、高密度的路网将城市与大学融为一体。国外大学城道路等级和功能如表 3.2 所示。

国外大学城道路等级和功能 表 3.2

道路等级	功能	与国内道路等级对比
一级道路	主要承担大学城快速过境交通	快速路
二级道路	主要承担大学城进出交通	主干路、次干路
三级道路	主要承担大学城内部生活性交通	支路及以下

（2）街区尺度

国外大学城区域内支路尺寸较不规则，采用"窄街区、密路网"的模式，提高路网密度，有助于营造良好的步行环境，提高公共交通的通达性。国外大学城道路间距如表 3.3 所示。

国外大学城道路间距 表 3.3

案例大学城	道路间距（m）			
	大学区		配套区	
	较小	极大	较小	极大
美国坎布里奇	63×42	241×125	35×46	301×171
美国曼哈顿	140×79	263×80	146×80	304×82
英国剑桥郡	57×45	242×146	74×49	347×34
英国牛津	—	—	64×133	85×267
德国慕尼黑	—	—	74×95	214×123
日本东京	—	—	25×42	214×123

（3）街道设计

国外大学城的街道设计具有如下特点：保证步行道宽度，低等级道路采用完整街道设计，营造连续、舒适、便捷的慢行系统。控制低等级道路车辆运行速度，设置地面涂刷，提高街区安全性，提升慢行空间环境品质。国外大学城步行道宽度如表 3.4 所示。

国外大学城步行道宽度案例 表 3.4

案例大学城	步行道宽度（m）		
	一级道路	二级道路	三级道路
美国坎布里奇	1.5	4.0	2.0
美国曼哈顿	0~6.0	2~6	2~4.5

续表

案例大学城	步行道宽度（m）		
	一级道路	二级道路	三级道路
英国剑桥郡	—	1.7～2.5	1.5
英国牛津	—	1.8～3.3	1.5～2.0
德国慕尼黑	0～4.0	2.5～3.8	2.6～4.7
日本东京	3.3～5	1.7～3.5	2.0

我国城市路网普遍支路密度低，忽视慢行系统，容易导致交通拥堵，大尺度的街区常常忽视了日常生活空间。基于对国外案例的分析，"密路网，小街区"规划模式更适用于大学城路网。通过构建多层次的道路交通体系，高等级道路承担过境交通，与大学城交通完全分离，次等级道路承担大学城进行交通需求，与高等级道路实现衔接，支路网承担大学城内部的生活性交通。

3.3.3 路网优化促低碳出行

低碳路网规划的核心目的是提升慢行和公共交通出行品质，引导机动车出行向绿色交通出行转移。规划构建多层次道路交通体系，减少大学城内机动车需求，调整沙河高教园区道路等级，引导过境交通由外围高等级道路通过，支路网承担大学城内部生活性交通。因此，规划设计采用如下策略：

（1）采用"窄路密网"模式，增加支路网密度。改造后，园区主干路与次干路密度均有所下降，支路密度提升 6 倍，路网密度由原 5.62km/km² 提至 11.11km/km²，道路间距大幅缩窄（图 3.17）。（2）在原道路红线宽度基础上，增加步行道宽度，营造宜人的街道空间，提高公交站点覆盖率，缩短步行接驳时间，提高绿色交通出行品质。（3）打造开放式校园，打通沙河高教园区各大学内部道路，打破各大学之间被城市主干路割裂的局面，以封闭式的小院落取代整个校园形成的大院落，将校区融入社区，与支路网紧密衔接，改善大学区域内的交通通达性。（4）采用宁静化设计手段，通过路拱、加高路口、减速带、窄点、行人安全岛等限制车辆速度，设置步行优先标志标线、慢行休憩空间，创造"以人为本"的交通环境，吸引出行者选择绿色交通出行，实现低碳发展。

大学城路网应构建多层次的道路交通体系，采用"窄街区、密路网"模式，加密大学城内配套设施道路，提升地区微循环效率，提升道路抗干扰能力，提高公交站点覆盖率，缩短步行时间。此外，为了将大学融入城市，采用开放式大学改造的形式，将校园内的道路公共化，以封闭式的小院落取代

图3.17 沙河高教园区路网改造前后对比

整个校园形成的大院落，创造真正安静有序的空间氛围，营造步行友好的街道氛围，提升绿色出行品质，促进低碳化出行方式发展。

3.4 功能重塑——银川市新华商圈老城区更新

·3.4.1 概述

老城区作为历史文化的载体、城市功能的集中区域和外部新城合围的交集区，承担大量集散交通和过境交通。老城区存在基础设施少、制约条件多、改造空间小、交通拥堵突出等问题，为城市更新带来巨大的挑战。银川是宁夏回族自治区首府，丝路经济带上的重要节点。新华商圈及承天寺塔片区是银川老城内历史文化遗迹最为集中、城市发展最为繁盛的区域（图 3.18）。

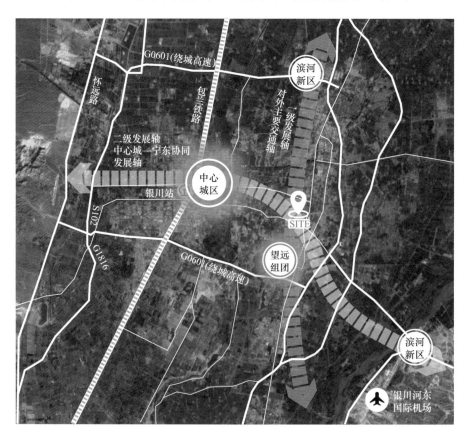

图 3.18　项目区位示意图

2017 年 3 月，银川被确定为"城市设计"和"城市双修"的双试点城市，构建老城区低碳交通系统势在必行。

在有限的空间资源中，应以"公交＋慢行"的绿色低碳交通方式为主导，向上承接宏观交通体系，向下落实交通精细化设计，以交通品质提升、生态保护和历史延续作为综合目标，重塑交通系统功能，实现老城复兴。

3.4.2 低碳交通更新策略

"车本位"的传统发展模式转变为"人本位"的低碳交通发展模式，是解决银川老城区在有限空间资源下城市更新的重要抓手。针对银川老城区现状交通特征，提出四点低碳交通更新策略，以解放街段为例，阐述低碳交通策略的应用实践。

（1）构建分流保护环路，打通核心区道路微循环

提升老城区外围北京路、长城路、凤凰街和清河街的通过性，分流老城中长距离过境车流，减轻老城区过境压力。坚持"小街坊、密路网"基本原则，鼓励打开封闭社区，打通断头路，整合现状零散街巷，增加连通性，路网密度由 7.7km/km^2 提升为 13.7km/km^2。

（2）划定慢行核心区，提升慢行环境品质

结合老城区功能定位，划定慢行优先区，区内居民拥有慢行交通优先权，并注重提升公共空间环境品质，为居民提供高品质的慢行空间。在各主要开放空间、广场等区域，设置绿植，在机动车交叉口采用交通宁静化设计。

（3）加强公交互补，确立公交主导的机动化出行结构

根据不同距离出行需求进行精细化公交走廊分类，满足差异化公共交通需求，转移小汽车出行分担率。BRT 公交、干线公交走廊主要满足长距离快速出行需求；支线公交走廊主要满足中短距离公交出行；内部设置灵活式公交，主要满足老城区内部短距离出行需求。公交车辆均使用清洁能源。

（4）严控路内不规范停车，引导外围停车换乘公交

老城区停车位配建缺口较大，通过现状停车梳理，能够新增 676 个停车位，但远远小于停车需求。由于新华商圈日间停车以临时停车为主，建议通过路内违停执法和停车收费手段，引导车辆在外围枢纽附近停车，采用"P＋R"形式换乘公交前往城市中心区。

3.4.3 交通干道人性化更新改造

街道功能重塑是实现老城区低碳发展的重要举措。解放街（中心巷—玉皇阁南街路段）横穿银川老城区，两侧建筑功能密集，沿街界面活跃，沿线有鼓楼、玉皇阁两座历史建筑。同时，解放街是一条东西贯通的主干路，承担了大量的过境车流，交通功能和街道服务功能高度复合。道路更新详细设计长度700m，红线宽26m，双向4车道，机非混行。现状存在四大交通问题：交通性强，服务功能弱；机动车占用慢行空间停车，慢行环境差；公交站点停靠能力不足；机非相互干扰严重，交通秩序差。

为了提升老城区交通服务水平，构建安全、高效、宜人的低碳交通环境，对解放街路段进行以下改造：

（1）营造高品质慢行空间，机动车与非机动车隔离，建筑到建筑空间禁停机动车

打破道路红线与建筑退线的阻隔，从"建筑到建筑"改造街道空间：将路缘石高度从10cm增加到15cm；将现状自行车道由5m缩窄为3m，既能保障非机动车通行条件又限制非法停车；步行道与建筑退线一体化，增加步行空间，强化解放街的服务功能；公交站处非机动车道绕后，保障骑行的连续性（图3.19）。

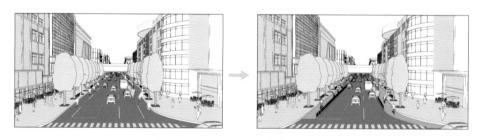

图 3.19　骑行空间改造前后对比

（2）重拾历史文化街区功能，环岛交叉口再设计

现状鼓楼被环岛围绕，步行与车行交叉严重，成为老城区的"孤岛"。通过将环岛改造为信号交叉口，使鼓楼与南侧步行街衔接，营造开阔的步行空间（图3.20）。玉皇阁南侧增加步行道宽度，完善过街步行道设计，保证步行空间连续性。

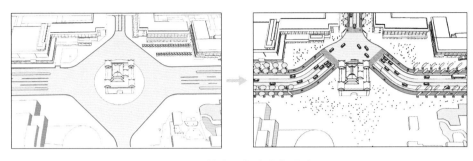

图 3.20　鼓楼环岛改造前后对比

（3）落实公交优先，优化公交设施

设置高峰限时公交专用道，保障高峰公共交通的准点率；将现状 45m 的公交港湾长度改造增加至 60m，缓解高峰时段公交车排队进站情况（图 3.21）。

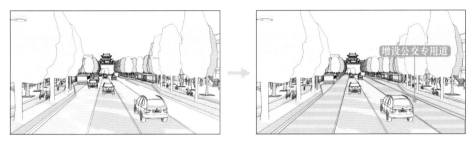

图 3.21　公交港湾改造前后对比

在可持续化的城镇发展新常态背景下，对于老城区城市更新项目，探索低碳、绿色的规划实施路径，"盘活存量，用好增量"势在必行。通过从宏观到微观的更新改善路径，促进老城区向低碳人本的交通发展模式转变，守住老城生态文明的城市底色，提升人居环境的品质。项目团队通过实地调研分析现存交通问题，提出剥离过境、支路打通、慢行优先、公交互补和停车调控等更新策略，并在重点路段落实详细设计手段，重塑老城区低碳交通体系，实现银川老城的可持续发展。

3.5　慢游畅行——山西壶口景区总体提升

3.5.1　概述

旅游景区交通低碳化发展是景区可持续发展的重要环节，交通低碳出行既可以保证景区生态环境不被破坏，同时也可以提升景区内外的出行体验，为景区发展提供可持续运营保障。

山西壶口景区是国家级风景名胜区，位于山西省临汾市吉县壶口镇，南起七郎窝大桥区域，北至河清门区域，西至黄河边，东至东山脚，总用地面积达 100hm²。壶口—克难坡与北部乾坤湾景区作为两大旅游发展核心，带动整个临汾黄河板块旅游区域的发展。

近年来，壶口景区游客量呈逐年增加趋势，十一黄金周单日客流量超过 3 万人次。依据壶口景区定位及年游客量发展趋势，远期预测年游客量达到 500 万人次/年；远期高峰日客流量可达 10 万人次。为落实旅游景区生态交通提升，贯彻资源集约的发展要求和环境友好的发展导向，规划建议发展"慢游畅行"的低碳绿色旅游交通，完善景区对外交通网络，提升景区对外交通可达性，增强对外辐射力；通过对景区游路优化，实现品质慢游，丰富游客体验；结合需求管理，打造景区内部友好交通环境，促进旅游景区交通低碳化发展。

3.5.2 内部交通低碳改造

现状壶口景区内部交通方式单一。景区从入口综合服务区至核心观瀑区距离约 3.5km，目前内部交通全部使用接驳大巴往返。景区旺季以及国庆节极端高峰期间，需要调用大量的大巴，对景区运营带来极大冲击，同时导致内部道路交通压力骤增。

为应对大量游客的接驳需求，在接驳车辆有限的情况下，只有提高车速、加快周转，大巴车速较快，游客也失去了慢游景区的可能性；频繁通行的景区大巴带来了噪声、粉尘和车辆尾气，破坏了景区的生态环境；停车设施布局混乱，停车场内部人车混行，旅游舒适性有待提高。

结合现场游客访谈和景区生态环境调研，3~4km 的距离非常适合游客通过非机动车或步行方式抵达核心观瀑区。该距离，接驳大巴约通行 6min，非机动骑行约 15min，步行约 40min；且这个范围内黄河河滩具备拓展慢行通道的条件。

依据预测远期游客，对比完全依赖大巴接驳和 50% 的游客慢行两种情况（表 3.5），可以得出：完全依赖大巴接驳，远期极端高峰日需要配备 72 辆大巴车，每辆车周转 5 次才能满足景区内部接驳需求。接驳车辆将占用约

7200m^2 的停车面积，这对景区内的生态环境带来极大的挑战。

接驳大巴需求核算 表 3.5

接驳路线	使用大巴接驳比例	远期高峰小时接驳游客量（人次/h）	接驳大巴单位小时运力（人次/辆）	接驳大巴需求（辆）	接驳大巴停车需求（m²）
综合服务区——核心观瀑区	100%	15750	219	72	7200
	50%	7875	219	36	3600

极端高峰客流情况下，接驳大巴需在综合服务区和核心观瀑区频繁周转。景区内部道路仅双车道，且部分路段受自然条件限制，车辆交会需减速让行。

结合壶口景区的总体提升，规划内部交通引入慢行出行方式，打破以往对机动车接驳的依赖，营造高品质、绿色低碳的游览环境。规划新增骑行空间和步行空间，打造趣味性内部游线，改变现状完全依赖接驳巴士的内部交通方式。结合景区新增的景观节点拓展丰富的慢行游线，提高景区内部慢行交通的吸引力，从而减少景区内部的机动化出行比例（图 3.22）。

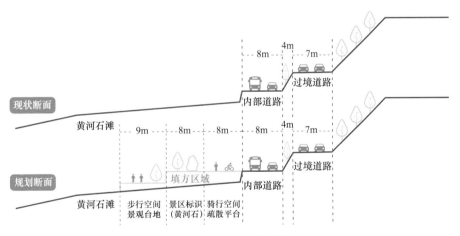

图 3.22　内部交通低碳改造

3.5.3　内部游线优化

整个景区将打造两个核心交通节点，分别为综合服务区和核心观瀑区。两核心交通节点间可利用慢行通道连通，内部慢行通道共设置两个主要慢行交通节点，并设置部分休憩区，供选取慢行交通方式的游客使用。为保证行人慢行舒适性，内部根据景观游线始发点分别设置了车行交通节点 1 和车行交通节点 2，满足内部景观游线的始发点落客需求，保障游客结合自身因素对接驳车和步行方式的多样性选择（图 3.23）。在原有接驳车方式基础上，游客可以选择全程慢行，也可以选择部分路段乘车，部分路段慢行。一方面丰富游客体验，提供深度游览黄河河滩和壶口瀑布的方式，另一方面也可降低接驳车交通压力，保护景区生态环境。

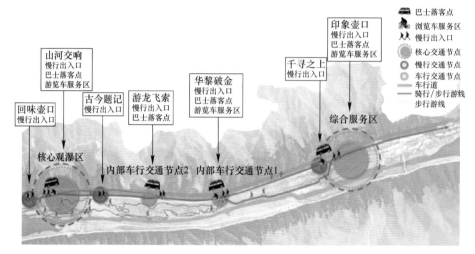

图 3.23　交通多模式多样化游线组织

<table>
<tr><td>### 3.6 小结</td></tr>
</table>

　　城乡空间低碳交通规划设计在深度挖掘区域价值的同时，对区域内交通活动和生活方式进行高效率、高品质的重新安排和组织，是实现低碳交通发展模式的主要手段。片区规划设计综合性较强，包括功能划定、设施建设、产业发展和运营服务等建设服务内容。综合交通规划设计应与城乡规划的各阶段、各层面相互对应，确保城乡布局和开发建设的合理性。针对区域发展的不同特性"量体裁衣"，制定符合区域发展定位的规划方案。对城市乡未来发展应做到"未雨绸缪"，充分预留余地。通过对城乡发展的引导和交通系统功能重塑，实现供需平衡，并做到与周边区域和相关系统的"协同规划"。

　　推动城乡交通体系由"以车为本"向"以人为本"转变是城乡空间低碳交通规划设计的核心。一方面通过落实供给侧改革，减少机动车交通资源的供给，严格控制机动车出行需求；另一方面通过交通服务体系重塑，在提高公共交通服务质量的同时，通过窄路密网、交通稳静化和快慢分离等方式改善区域慢行环境，综合提高低碳交通方式的吸引力。

随着我国新型城镇化进程的不断深入，集约型的城市布局、高密度的城市开发都对城市交通规划设计提出了更高的要求。而车路协同技术和交通新业态服务体系的普及，也促使交通规划设计所面向的对象日趋多样。智能交通技术的突破同样也对城市交通设施的利用方式产生了深远影响。为适应城市交通体系的快速发展，交通规划设计的理念和技术都应持续调整和优化，推动信息的智慧化采集、处理和反馈以及 MaaS 系统、智能调度、智能交通控制等新技术手段的应用，完成低碳理论和技术的"双突破"，实现城乡低碳交通的可持续发展。

第4章 综合客运交通枢纽低碳交通设计

低碳交通出行并不是要求所有的出行都只能选择某种低碳的交通方式，而更多是追求绿色出行频次和绿色出行的比例。综合客运交通枢纽聚集了多种交通方式，为不同人群提供到、发、换乘等交通服务。其串联不同交通子系统，共同组成综合换乘网络。综合客运交通枢纽的低碳设计不仅体现在枢纽建筑的低碳设计上，而且体现在运用低碳交通规划设计手段，实现综合客运交通枢纽的交通减碳。实现路径主要包括优化出行结构和推行新能源汽车等。因此，综合客运交通枢纽低碳交通规划设计应重点探讨枢纽绿色交通优先及高效的设计思路与实践技术。

4.1 综合客运交通枢纽交通设计技术

4.1.1 设计范围与任务

城市综合客运交通枢纽主要包括航空枢纽、铁路客运枢纽、公路客运枢纽、客运港口枢纽等。

城市综合客运交通枢纽的根本服务对象是人，人的出行行为串联枢纽运行的各个环节。因此，从出行链的角度，枢纽交通设计范围可大致分为外部交通设计和内部交通设计两部分（图4.1）。

根据上述交通设计范围，综合客运交通枢纽交通设计任务主要包含：

（1）外部交通设计

① 研究枢纽地区以及枢纽本身的发展战略，支撑枢纽地区长远期的交通发展，强化以公共交通为主导的枢纽集散交通方式。

② 为枢纽产生的交通流——包括人流和车流——的疏解提供便捷、一体化的、能够衔接城市的交通系统。

③ 结合城市发展、枢纽地区发展特性，提供支撑枢纽地区土地开发的交通系统，并与枢纽产生的交通相协调。

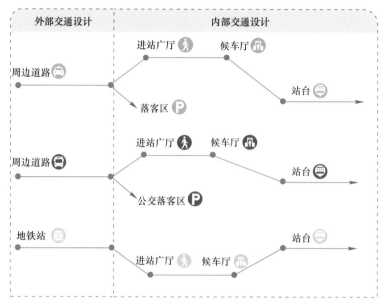

图 4.1　不同方式出行链的交通设计范围示意图

（2）内部交通设计

① 依据各类型站房特点及客流规模对站房交通系统设计进行技术反馈，尽量减少不必要的冲突，提高站房内交通流的综合集散效率。

② 使枢纽交通系统的各个交通方式相互协调、便捷可靠，并对城市既有交通系统产生的影响最小。

4.1.2　技术框架与思路

综合客运枢纽交通设计工作的主要技术思路，可以分为宏观、中观和微观三个层面（图 4.2）。

（1）宏观战略：对区域以及枢纽自身的定位以及战略进行研究，重点是根据枢纽地区的发展定位和枢纽所在地区交通发展特征以及案例研究的成果，研判枢纽自身目标和定位。

（2）中观交通：对周边研究范围不同交通方式和设施等展开规划设计，重点解决两方面问题，一是确定枢纽未来客流通道的系统规划，二是为疏解机动车流对重要道路节点和通道进行的改造和设计。

（3）微观交通：对枢纽核心区的交通要素进行设计，包括微观的道路设计、出入口设计、公交场站设计、停车场设计、站房内流线设计等，旨在实现枢纽人流、车流的高效率集散。

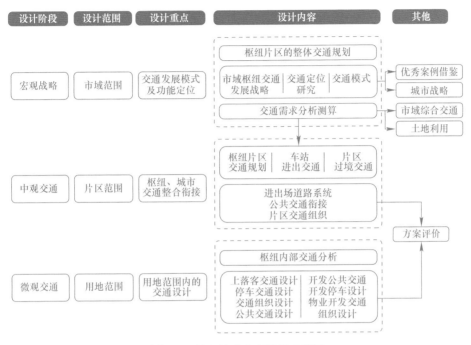

图 4.2   核心技术内容框架示意图

·4.1.3   规划设计要点

（1）强化公交优先，完善集散体系

综合客运交通枢纽应结合旅客吞吐量和服务水平标准等综合确定衔接设施要求。交通规划设计中应整合轨道交通、常规公交、长途汽车、机场巴士、出租车、小汽车等各类交通设施。例如，机场轨道集散系统宜考虑设置轨道快慢线，以满足不同层次的出行需求；又如，城市主城区的铁路车站宜尽可能控制社会停车库的规模。

综合客运交通枢纽设计应坚持"以人为本"，坚持"服务优先等级顺序"准则，优先考虑基于绿色的公共交通体系，协同整合枢纽站内铁路、地铁、公交、出租车与小汽车等各类交通设施，加强慢行和公交设施的接驳。具体手段如：①在枢纽周边道路设置公交专用道；②在距场地最近的地方设置公共交通，确保公共交通换乘距离最短；③地铁站与枢纽核心功能区地下连通，缩短换乘时间。

（2）立体集约布局，高效便捷换乘

综合客运交通枢纽交通设计应遵循立体集约、换乘便捷的原则，对枢纽内部设施进行立体化布局，鼓励既有客运枢纽实施立体化改造，突出对外交通与城市公共交通之间的优先换乘，提升枢纽的一体化水平与运行效率。根据设计高峰小时客流量，充分考虑安全疏散要求，合理确定集散换乘设施数量和分布。缩短不同站场旅客出口、入口之间换乘距离，以不超过200m为宜，并建设封闭的换乘设施。合理安排综合客运交通枢纽内车流和客流组织，确保采用公共交通方式的旅客换乘距离最短。

以枢纽为核心带动城市协调发展，充分利用慢行交通设计手段消除空间割裂，实现城市缝合。具体手段如：①宏观交通换乘采取"多层次、多方向、多通道"的设计手段，多方向集散；②中微观设置人行垂直交通核，实现各层交通方式一体化换乘。

（3）秉承环保宗旨，打造绿色枢纽

从绿色发展理念的角度出发，遵循"集约发展、品质友好、运行顺畅、公交优先"的设计原则，从绿色出行方式、绿色建筑、清洁能源等方面全方位实现绿色发展。具体手段如：①优先布局绿色交通设施，提高绿色交通设施的便利性；②提供新能源汽车专用停车位，鼓励新能源汽车出行；③推进公共交通、小型货运交通的电气化改造，提高枢纽片区新能源汽车使用比例。

（4）鼓励功能复合，枢纽综合开发

综合客运交通枢纽各种运输方式集中布局，实现空间共享、立体或同台换乘，按照站城一体、集约共享原则布局综合客运交通枢纽设施。充分利用枢纽灰色空间，将各类交通设施集中设置在枢纽周围，具体手段如：①利用铁路轨行区两侧设置小汽车匝道；②利用高架桥下空间设置机动车、非机动车停车场；③上盖类公共汽（电）车场站反馈优化柱网间距，减少单位车辆停车面积。

4.1.4 设计策略

低碳目标给城市综合客运交通枢纽的发展带来了机遇与挑战。城市客运交通枢纽低碳交通规划设计策略可总结为集约、多样、绿色、融合、共享五个方面（图4.3）。

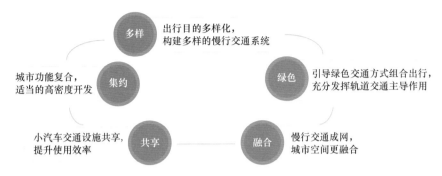

图 4.3　交通设计策略示意图

（1）集约：城市功能复合，适当的高密度开发

城市功能复合、混合用地高密度开发是低碳目标下城市客运交通枢纽的重要特征。集约的土地开发能够实现枢纽片区建设用地的高效利用，释放更多用地空间，使其成为绿地和公园，增加绿化，进而提升生态系统碳汇增量，推动绿色低碳发展；另外，枢纽的高密度开发，能够吸引更多的出行向枢纽主导的公共交通转移，助力低碳交通出行结构优化。

（2）多样：出行目的多样化，构建多样的慢行交通系统

从用地与交通出行的相互作用关系可以得出结论：功能混合用地带来的是多样化的出行方式和出行目的。其中，通勤出行虽然是大规模聚集出行的主要目的，但不是唯一目的。通学、休闲、购物等出行需求不可忽视，不同出行对时间的敏感性和对空间的需求不同。城市综合客运交通枢纽周边多样化的功能服务能够从源头减少人的出行距离，进而降低交通需求，有利于交通减碳。

（3）绿色：引导绿色交通方式组合出行，充分发挥轨道交通主导作用

绿色交通方式包括轨道交通、常规公交、步行、骑自行车等。提高绿色交通方式出行分担率是交通减碳的重要路径之一。充分发挥轨道交通主导作用，围绕轨道站点进行交通衔接一体化设计成为绿色交通发展的重中之重。

（4）融合：慢行交通成网，城市空间更融合

综合客运交通枢纽占地较大，对城市空间往往存在一定程度的割裂。以铁路枢纽为例，站城一体设计理念下以步行交通缝合城市空间是最常见，也是最有效的设计手段。应构建立体化、高可达的慢行交通网络，确保枢纽进出站与周边物业开发通过便捷的步行方式直接连接，以步行系统缝合城市与枢纽。

（5）共享：小汽车交通设施共享，提升使用效率

私人机动交通发展与交通减碳目标不符。位于城市核心区的综合客运交通枢纽片区用地紧张、土地价值高。小汽车交通设施共享，能够在一定程度上减少机动车停车供给。例如，在满足基本的个体化出行条件的前提下，鼓励枢纽和周边城市开发停车设施共享，减少整体停车位的建设；枢纽周边片区出行鼓励私家车合乘出行，减少小汽车出行需求。

4.2 寸步可及——济南遥墙国际机场二期

· 4.2.1 概述

机场是一个城市对外航空运输的载体，航空运输的特殊性决定了机场一般都建于城市远郊。近几年，随着城市经济的发展，机场客运量不断攀升，加之城市轨道交通属于高速发展阶段，部分城市已将轨道交通修建至机场，这加强了城市公共交通与机场的有效衔接。

济南遥墙国际机场二期改扩建工程以"公交导向"作为陆侧交通规划设计的总体思路，优先设置高乘客运载量、低能耗、低污染、更绿色的交通设施推动实现"公交优先、绿色出行"的理念。设计方案采用"近大远小"的设施布局原则，强调交通优先级（慢行＞公交＞出租车＞社会小汽车），公共交通设施相较于小汽车停车设施更贴近主航站楼，提高公共交通吸引力，实现优化机场绿色交通出行结构，降低碳排放的目标。

· 4.2.2 近大远小

综合交通中心（Ground Transportation Center，GTC）的主要作用是高效快捷地集散旅客，使旅客在各种交通方式间便捷地完成换乘。其有着功能众多、流线复杂等特点。GTC 一般包含旅客换乘中心、地面道路、高架桥、停车楼、停车场、旅客过夜服务设施等。其中旅客换乘中心是 GTC 的核心，也是旅客的主要换乘空间，包含了各种交通方式的站前区、候车区、到达区、上客区、防爆安检区、设施配套区、商业服务区以及办公管理区等。按照交通方式，GTC 外部一般包含高铁、城际、地铁、云轨、出租车、城市公交、机场大巴、机场摆渡车、长途大巴、社会大巴、旅游大巴、私家车和网约车等交通方式；GTC 内部包含旅客步行系统、自动步道系统、楼扶梯系统、楼内摆渡车系统及楼内智轨系统等。如何布局以上各类交通设施是交通设计的重要内容。

济南遥墙国际机场整体采用"近大远小"的交通设计策略。根据济南遥墙国际机场综合交通规划目标,未来济南遥墙国际机场公共交通分担比例应不低于 50%,必须形成以公共交通为主体,以轨道交通为核心的机场集疏运方式。紧密围绕航站楼,优先布局公共交通设施,例如:到达流程优先设置机场巴士、出租车车道边、轨道交通、长途汽车;停车楼设置在最远端,并在楼内设置临时接客区(图 4.4)。

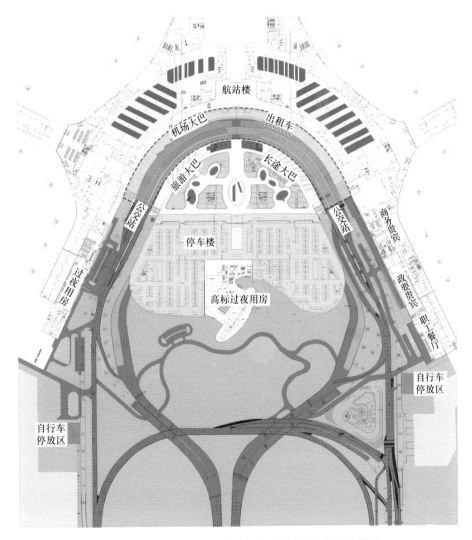

图 4.4 济南遥墙国际机场航站区交通设施布局示意图

·4.2.3　轨道优先

济南遥墙国际机场陆侧综合交通规划的总体目标为：构建以轨道交通为主导的可持续交通发展模式，建立多层次、多模式整合协调的陆侧综合交通体系，实现绿色、高效、便捷的交通服务体系。轨道交通作为公共交通的主要方式，将承担30%以上的出行。

在公交优先的目标之下，重点考虑公共交通换乘的便捷性、舒适性，将旅客公共交通换乘距离控制在300m以内；对于大容量高效能的轨道交通换乘，力争换乘距离不超过200m。依据《民用机场航站楼设计防火规范》（GB 51236—2017）的3.3.1条规定，"航站楼不应与地铁车站、轻轨车站和公共汽车站等城市公共交通设施贴邻或上、下结合建造"，将轨道交通设置于GTC内，并尽量贴近航站楼。规划R1线、R3线、预留线三条轨道线路及济滨城际铁路呈南北向穿过济南遥墙国际机场。综合考虑工程实施、客流换乘量等因素，济滨城际铁路、预留线、R1线和R3线车站从西向东依次布置于GTC下方，并且在站厅层可实现换乘。目前轨道线站位已按照有限条件下最优情况布置，并将地铁站尽量靠近航站楼布局（图4.5）。

·4.2.4　步行最短

济南遥墙国际机场航站区整体采用连接式布局，T2航站楼实现分段落客、分区值机、分区安检、环抱组合的形式。济南遥墙国际机场T2航站楼15.6m层为国内、国际出发层；8.4m层为国内出发、到达混流层；4.8m层为国际到达走廊，0m层为国际到达层。为尽可能减小步行距离，车道边均采用弧形布局（图4.6）。落客后约70%近机位的旅客步行距离在450m内。

贴建T2航站楼建设的GTC将轨道交通、长途大巴、旅游大巴、机场大巴、出租车、私家车停车等交通功能融合为一体；根据不同交通功能需求，采用集约布局的形式（图4.7），对各类交通设施进行水平和垂直的划分，既保证GTC与航站楼立体分层式结构的顺畅衔接，又实现GTC内部各交通设施的无缝衔接。

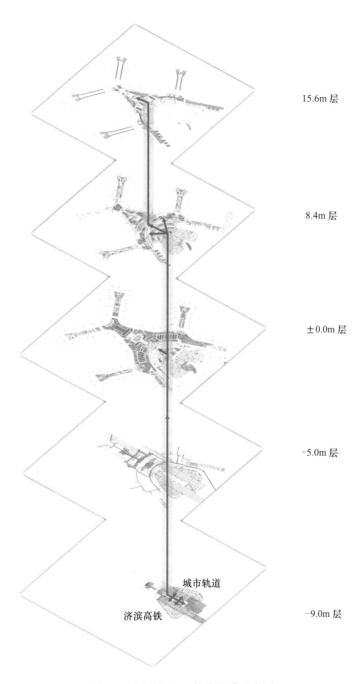

15.6m 层

8.4m 层

±0.0m 层

-5.0m 层

城市轨道

济滨高铁

-9.0m 层

图 4.5 轨道交通一体化换乘示意图

图 4.6　济南遥墙国际机场 T2 航站楼车道边布局示意图

图 4.7　GTC 立体换乘组织图

4.3 \ 需求定制——杭州西站核心区

· 4.3.1　概述

　　人是使用并发展城市空间的主体力量，也是城市设计的关注焦点。在高度重视土地使用、开发强度、交通组织、城市景观、实施时序等问题的基础上，城市空间使用者的各种日常生活、工作、出行需求及其行为规律常被作为设计过程的重要思考对象。传统道路设计受"车本位"惯性理念影响，缺乏分段、分区贴合沿线用地特征及交通需求特征的交通设计。在倡导"效率优先，兼顾宜人活力"的理念下，需结合沿线城市发展，细化慢行交通功能，针对不同城市场所功能要求，提出合理的慢行交通设计方案，从而实现交通总体功能最优。杭州西站核心区规划的总体目标是将慢行作为实现杭州西站枢纽片区站城一体化发展的纽带，打造定制化、高品质、精细化、前瞻性的慢行空间场景。

杭州西站位于杭州市余杭区仓前街道，总规模 11 台 20 线，总建筑面积约 51 万 m²，其中站房规模 10 万 m²，为高架候车室站型；进站旅客以高架候车室候车为主，辅以线下快速进站厅。杭州西站远期旅客发送量为 3796 万人次/年，远期高峰日旅客发送量 10.4 万人/天，最高聚集人数达到 6000 人。

杭州西站通过站城融合的开发模式，确定片区内换乘高效、无缝衔接的整体交通设计原则。在此原则下，如何进一步夯实西站枢纽与周边片区的慢行规划衔接，打通杭州西站枢纽片区内外部的慢行廊道，营造内部丰富多样的慢行场景成为研究重点。为了更好地满足不同场景下慢行场景的分析及需求响应，提出了"需求定制"的设计思路，结合针对性的调研与剖析各类场景人群的不同特征，归纳总结出各类人群的需求矩阵，通过标定模型分析各类场景下人群的 OD 分布与路径分配，为后续城市设计与道路设计提供详尽的慢行功能需求指引。

4.3.2 慢行需求分析

以人为本，构建仿真介入下的慢行需求分析体系（图 4.8）：①通过精准的人群画像分析和人行特征理论研究，总结归纳枢纽片区行人活动特征；②通过慢行交通预测和空间句法分析，划定慢行出行场景，预测人流分布和出行路径，对规划范围内慢行空间进行整体空间属性宏观分析，并评估总体服务水平；③通过仿真技术，模拟未来片区中各慢行场景和交通关键节点的行人活动，评估行人慢行空间的服务水平，提出优化慢行交通组织、实现弹性灵活布置和提升沿街空间商业价值的建议。

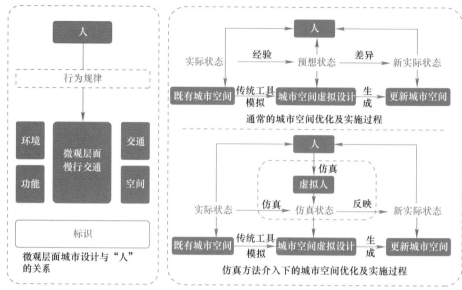

图 4.8　仿真方法介入下慢行需求分析体系

·4.3.3　慢行场景识别

　　杭州西站核心区规划突破了以往传统的慢行规划手法，不再以步道、骑行道等物理元素为研究对象，而是以片区内各种场景下的行人为着力点，通过将片区内各类业态中的行人场景化、生活化、职业化，识别不同场景下人群不同的生理特征、出行偏好及习惯。通过识别不同的慢行场景，搭建不同场景的交通模型，并结合空间句法理论进行混合开发，使得交通分配流量具有场景化特征，再根据不同场景的宏观分配结果将各场景人流分布统一纳入微观仿真模型中来，实现了慢行场景规划分析由"分"到"合"的层次转变。

　　依据整体分析角度，慢行分析场景可分为宏观场景和微观场景两类。其中，宏观场景依据出行目的可划分为通勤差旅、散步慢行、运动健身、逛街娱乐和上下学五个场景指标，微观场景重点关注商业价值指标。

·4.3.4　慢行需求响应

　　（1）宏观场景需求分析

　　通过交通模型与空间句法模型的混合开发，识别不同路段人群画像。在交通仿真模型中引入空间句法模型的"1000m 半径的标准化角度选择度"参数作为交通分配阻抗，并针对过街行为设置额外的阻抗权重。结果显示，上述混合模型使交通分配更加均衡，更契合整体路网布局。

分析结果可识别不同场景下人群的分布画像，通勤差旅人流更多集中于
西站与龙舟路站之间地面道路的南北无车区，散步慢行旅客主要分布在南北
综合体周边，运动健身场景重点分布在周边公园与道路，逛街娱乐场景主要
在龙舟路、钱神大街与杭韵西路等西南侧重点区段，上学下学场景以南侧的
钱神大街—杭韵东路沿线周边为主（图 4.9）。

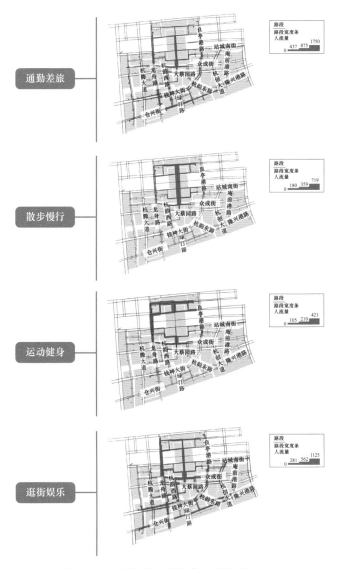

图 4.9 不同场景人群画像出行路径（一）

图 4.9　不同场景人群画像出行路径（二）

（2）微观场景需求分析

模型仿真可以输出多种形式的仿真结果。除了传统的密度分析图外，本次规划还新增了商业价值分析，包括：消费人群类型、消费能力等指标，能得出片区内哪些区域行人消费能力强、商业价值高等分析结果（图 4.10）。

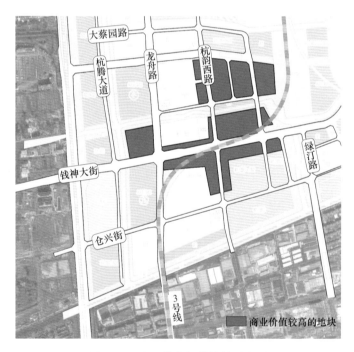

图 4.10　商业价值评估结果示意图

针对不同场景人群的慢行需求提出设计指引，有助于保障后续设计中区域内慢行设施布局的有的放矢，提升片区内慢行吸引力，打造低碳、绿色、慢行优先的西站片区。规划提出相关设计要求：通勤差旅场景需求较高的龙舟路周边宜保证通勤路线的流畅，适当结合商业设施提供商谈场所，道路平整、标识清晰并加设风雨设施；逛街娱乐场景需求较高的龙舟北路地铁站周边宜构建商业地下空间，注重商业沿街界面开放；散步慢行、运动健身需求较高路段，应设置平缓过街设施，宽过街路段设置二次过街；上学下学需求较高路段，应加宽慢行路宽度（不低于 3m），并设置机动车减速装置。

4.4 \ 站城一体——北京城市副中心站枢纽

4.4.1 概述

传统铁路客运枢纽（例如重庆北站、北京南站）借鉴航空枢纽"高进低出、快进快出"的交通组织理念，在枢纽前修建专用落客匝道与周边高等级道路衔接，同时建设或预留城市轨道交通在地下层进行接驳。以"高进低出、快进快出"的交通组织理念建设的枢纽专用道路集散系统短时间内可以解决大型铁路客运枢纽的交通集散问题。然而，由于小汽车保有量的迅速增长、铁路枢纽客运需求不断集聚、枢纽周边用地的高强度开发等原因，铁路客运枢纽地区变成了交通拥堵频发地区，行人步行品质逐渐降低。显然这种大规模建设专用道路系统用于集散交通的思路是不利于可持续发展的。

近年来，"站城一体"设计理念发展日趋成熟，站城一体化交通设计有利于降低枢纽片区出行距离，进而达到减碳的出行。专家学者和规划设计人员进行了一系列探索，并形成了一些理论成果：杨成颢（2018 年）总结日本枢纽车站再开发方案，从集约化再开发、土地整合、建立多层步行空间等角度提出枢纽车站核心影响区可持续发展对策。王婕等（2019 年）总结了北京城市副中心站地下交通衔接的设计经验，针对地下交通枢纽规划设计提出了交通衔接系统、出入口设置和内部交通组织等策略。丁孟雄（2014 年）构建了针对 TOD 形态可持续性的指标体系，从技术层面为 TOD 形态可持续理论提供一定实践经验。李盛楠（2020 年）阐述了北京城市副中心站功能组成、结构形态演变过程，该枢纽是第四代铁路客运枢纽的重要实践。总体来看，当前已有的研究中，从交通评估角度开展的研究相对较少；本节试从站城一体铁路客运枢纽特征分析出发，探讨面向交通减碳规划设计的评价指标体系。

·4.4.2　交通特征

站城一体是将TOD理论的基本原则与高密度城市开发特征相结合的一种开发理念，本质是交通枢纽与城市一体化开发相互融合并实现客流共享、共同发展的开发模式。在小尺度、密路网背景下，站城一体铁路客运枢纽与中国传统铁路客运枢纽存在很大差异。设计通过对国内外案例进行分析，总结站城一体铁路客运枢纽具有以下交通特征：城市功能复合，高密度开发；出行目的多样化，包括通勤、休闲、购物出行需求；轨道交通是客运枢纽高强度客流的支撑；步行交通缝合，城市空间高效融合；绿色交通组合出行为主要交通方式；小汽车停车设施设置相对弱化。

·4.4.3　评价体系

（1）评价要素

传统铁路客运枢纽交通规划多选取道路负荷度、道路平均运行速度、路网密度、交通延误、小汽车排队长度等指标进行评估（表4.1）。该类指标的评价要素多偏向于车辆和道路的运行效率，无法体现站城一体铁路客运枢纽低碳交通要求。

传统铁路客运枢纽交通规划评价指标　　　　表4.1

评价指标	指标说明	评价要素
道路负荷度	描述道路交通量占道路通行能力的比例	车辆运行
道路平均运行速度	描述路段在单位时间内的车辆平均行驶速度	
路网密度	表示片区道路的发达程度	
交通延误	车辆实际运行时间与理论通行时间的差值	
小汽车排队长度	车辆因等待产生排队的长度	

从站城一体铁路客运枢纽的6大交通特征出发，设计提取出包括用地、步行、交通承载、公共交通、小汽车停车在内的5项评价要素（表4.2）。

站城一体铁路客运枢纽评价要素　　　　表4.2

序号	交通特征	评价要素
1	城市功能复合，高密度开发	用地
2	出行目的多样化，包括通勤、休闲、购物出行需求	步行

续表

序号	交通特征	评价要素
3	轨道交通成为高强度客流支撑	交通承载
4	步行交通缝合，城市空间高效融合	步行
5	绿色交通组合出行为主要出行方式	公共交通
6	小汽车停车设施设置相对弱化	小汽车停车

（2）多目标评价指标体系

参考评价要素与交通特征的对应关系，设计将站城一体铁路客运枢纽5项评价要素进行分类，形成3项目标：①公共交通体系的优先和效率提升；②步行系统构建的可达性和便利性；③可持续发展。针对评价目标，利用打分法从静态和动态结合的角度筛选出10个评价指标（图4.11）。

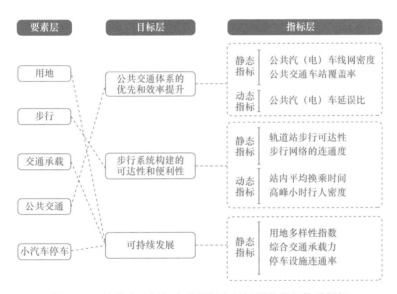

图4.11　铁路客运枢纽交通规划多目标评价指标体系框架

4.4.4　评价案例

基于上述评价指标体系对枢纽片区交通规划设计方案进行评估，评估过程与片区综合交通规划编制工作同步开展。结合已有研究和规划目标，确定评价指标目标值，并列入交通规划目标。

利用指标静态计算和动态仿真相结合的方法，分别计算得到北京城市副中心站片区多目标评价指标体系（表4.3）。经过评估，并根据评估结果优化交通规划方案，直至评价结果能够达到预期规划设计目标。

北京城市副中心站片区交通规划评价指标计算　　　　　表 4.3

指标	目标值	指标计算	是否达到目标值
公共汽（电）车线网密度（km/km^2）	≥4	5	√
公共交通车站覆盖率（%）	≥90	100	√
公共汽（电）车延误比	≤0.4	0.2	√
轨道站步行可达性[1)]（%）	≥35	45	√
步行网络的连通度	≥1.5	2.1	√
站内平均换乘时间（min）	≤5	4.9	√
高峰小时行人密度（人/m^2）	≤0.72	0.5	√
用地多样性指数	0.64~0.78	0.7162	√
综合交通承载力	≤0.75	0.59（最大）	√
停车设施连通率	≥0.5	0.7	√

注：1）8min 内步行范围人口与就业岗位比例。

4.5 \ 港城一体——临沂启阳国际机场

·4.5.1　概述

　　随着全球化进程的快速推进，产业链不再局限于城市内部，而是在全国甚至全球范围内实现资源优化配置。因此机场及机场周边地区作为中心城市间联系最为便捷节点的优势便凸显出来，高端制造业和会展、商务等附加值高、价格敏感度低、对时间和速度要求高的产业逐渐向机场周围集聚。航空城、港城一体的理念日益受到关注。然而，机场因功能复杂、陆侧设施规模庞大，与周边城市往往存在空间割裂。在这样的背景下，研究机场周边交通体系具有重要的现实意义。

　　临沂启阳国际机场设计充分发挥了机场枢纽与城市结合紧密的特点。考虑到机场集散交通和临空片区对外交通的差异性，规划设施布局以人性化、立体化、公交化、弹性化、一体化为原则。结合客流预测结果，推导配套场站设施规模，考虑就近换乘、满足机场枢纽和城市服务需求，集约、弹性布置交通设施，同时尽量针对不同功能进行空间分离，优先设置公共交通，以慢行交通缝合城市，打造港城一体化的绿色陆侧综合交通体系。

4.5.2　公交引导

陆侧综合交通可用场地南北长 950m，东西宽 250m，场地呈南北狭长形状。在有限的地块内要布置航站楼主楼、GTC、停车场、出发（到达）车道边、陆侧道路等多种交通设施较为困难。

本次设计将各类交通设施围绕航站楼分散布局（图 4.12），贯彻"公交引导"理念，在换乘最便利的换乘区域优先设置公共交通设施。航站楼到达大厅北侧和南侧设置公共交通，其中北侧为出租车上客车道边，南侧为公交、机场巴士、长途巴士等大型车上客车道边，从航站楼到达大厅出发平均换乘距离不超过 50m。小汽车停车库设置在 GTC 地下及地面两侧，从航站楼到达大厅出发平均换乘距离约 150m。小汽车停车位供航站楼旅客和 GTC 上盖开发共享使用。

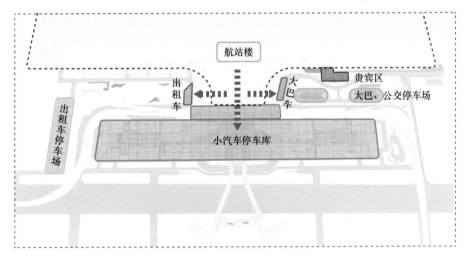

图 4.12　交通设施布局示意图

4.5.3　慢行衔接

项目西侧为城市快速路启阳路。城市主干路为机场提供了进离场通道，也将机场与城市分隔在道路两侧。这样的分隔不利于城市与机场之间的慢行联系和融合发展。

利用机场与城市距离近的优势，在前期策划的过程中提出在楼前一体化开发建设综合体的思路。出站客流能够与楼前综合体结合，推动地区协同提升。利用二层步行连廊、地面步行道构建分层、立体的步行系统，实现主干路两侧慢行空间衔接，串联"机场—综合体—西侧城市片区"。同时，在主干路下预留轨道交通站点，轨道出入口分别在机场 GTC 和城市一体化开发两侧设置（图 4.13）。

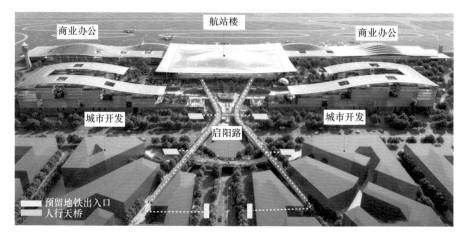

图 4.13 临沂启阳国际机场慢行交通缝合示意图

4.5.4 港城交融

临沂启阳国际机场距离老城区仅 6.7km，距离北部新城区约 7.6km，与城区距离相对较近。机场西侧紧邻城市新区，承载更多的商业、办公、休闲、展示等城市公共功能（图 4.14）。

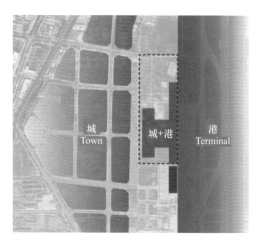

图 4.14 城市与空港的空间关系示意图

方案设计贯彻落实"港城交融"理念，多方面协调处理机场与城市的关系。将车行分离、慢行融合作为主要原则，具体措施如下：（1）以竖向空间分离进场离港客流和离场进港客流，以步行连接"港"和"城"。（2）总量控制，设施共享。地下停车通过一体化设计与组织，实现机场停车位、城市开发停车位的共享使用，适当降低停车配建标准。（3）弹性的单向交通组织。场地整体利用双层道路系统设置"南进北出"的单向交通串联陆侧交通设施，提升车辆运行的容错率。

4.6 复合立体——北京环球影城北综合交通枢纽

4.6.1 概述

客运枢纽综合体由城市客运交通和各类城市功能复合而成，它不是交通工具和其他城市功能的简单组合，而是将多种功能进行分解与重构，形成多元、复合、灵活、集约的城市有机体。北京环球影城北综合交通枢纽位于北京城市副中心文旅区，距离北京环球度假区北边界 300m，项目总规模约 8.4 万 m²。如何在建筑一体化设计的理念下，融入交通一体化设计思路，既满足建筑的多功能利用，又实现公共交通的顺畅高效，是枢纽综合体一体化交通设计的重点。

北京环球影城北综合交通枢纽作为现代化的综合交通枢纽，除了具有公交接驳、轨道换乘、社会停车等交通功能，还集中了酒店、商业等城市功能。如何正确处理好交通功能和城市功能之间的关系是本案例的重点。

面对公交、轨道、小汽车、酒店、商业等各类出行人群，利用建筑的空间延伸特点，让各类功能向地下、地面、地上的立体空间发展，形成三维的空间功能体系。立体化的布局缩短了平面上的交通流线，做到了人车分离，给乘客提供便捷舒适的换乘流线，引导城市出行利用公共交通解决，促进枢纽绿色低碳发展（图 4.15）。

4.6.2 功能复合

北京环球影城北综合交通枢纽采用立体化的布局，将酒店和商业功能集约布置于枢纽交通功能的盖上空间，减小对地面层交通的影响，在不同方向和高度构建开放路径和公共空间，形成开放的城市界面。城市功能的引入消除了交通枢纽对城市片区产生的割裂影响，枢纽与城市功能高度融合（图4.16），一方面能够实现土地的集约开发和高效利用，另一方面高密度开发吸引大量客流有利于提升交通枢纽片区的出行活力和服务品质，营造活跃开放的枢纽空间，引导更多交通需求利用公共交通方式出行。

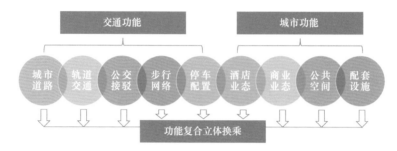

图4.15　项目交通功能和城市功能关系布局图

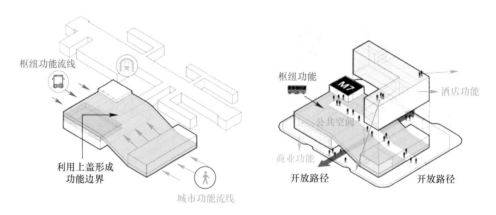

图4.16　上盖功能关系图

　　在交通组织策划过程中，提出构建立体化的慢行系统用以衔接轨道交通、地下停车、公交场站、酒店大堂、沿街商业、屋顶花园，突出枢纽公共交通与其他交通方式、一体化开发之间的优先换乘，强化"公共交通＋步行"的优先，引导绿色出行，推动枢纽片区低碳发展（图4.17）。

　　功能复合的综合交通枢纽强化了一体化开发与枢纽交通功能的联系，利用以轨道交通出入口为核心的垂直交通核，解决了枢纽功能和城市功能难以融合的问题，提升绿色交通方式吸引力。

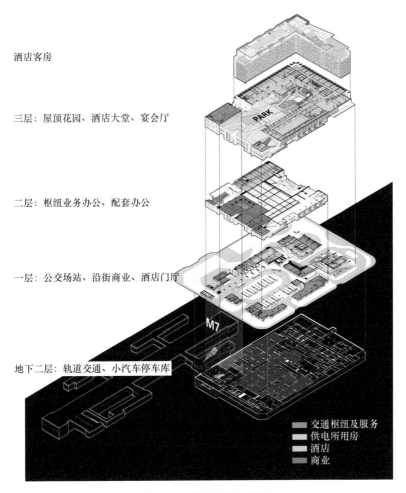

酒店客房

三层：屋顶花园、酒店大堂、宴会厅

二层：枢纽业务办公、配套办公

一层：公交场站、沿街商业、酒店门厅

地下二层：轨道交通、小汽车停车库

交通枢纽及服务
供电所用房
酒店
商业

图 4.17　项目功能布局图

4.6.3　立体换乘

　　将枢纽各种交通方式在立体空间集中布局（图 4.18），梳理各类交通出行方式人群动线，构建串联地下、地面、地上多种功能的垂直换乘厅，提供便捷的换乘流线和高辨识的路径引导，满足通勤客流在轨道交通、公交场站、出租车站和小汽车停车场之间的高效换乘。轨道交通与交通枢纽在地下连通，突出城市公共交通优先的地位，鼓励出行者更多地采用绿色交通方式。

　　同时，围绕垂直换乘厅构建高度可达的复合功能节点，确保进出枢纽客流与周边星级酒店、商业开发以及公共空间等城市功能通过快捷的步行方式直接连接。综合考虑通勤、休闲、购物、办公、住宿等不同的出行目的，设

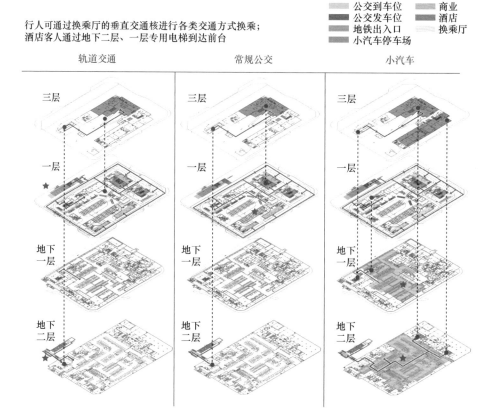

行人可通过换乘厅的垂直交通核进行各类交通方式换乘；
酒店客人通过地下二层、一层专用电梯到达前台

图 4.18　行人换乘流线图

置垂直交通核串联公共空间的慢行路径，提供多样化的立体换乘空间，减少人的出行距离，满足多样化交通需求。

　　构建便捷舒适的多层次步行网络缝合交通功能和城市功能，提升枢纽的一体化水平与运行效率，实现枢纽交通与上盖开发的融合，极大缩短了公共交通换乘距离，提高了枢纽公共交通出行的吸引力，促进枢纽交通低碳发展。

4.7　小结

　　综合客运交通枢纽是综合客运交通网络的关键节点，是多种运输方式高效衔接和一体化组织的主要载体。综合客运交通枢纽低碳交通设计在落实"内畅外联"枢纽布局的同时，以"一体化"为核心，促进枢纽场站建设、完

善集疏运体系和衔接体系，着力推进旅客一体化换乘。对外重点落实高密度开发及与城市功能的高度集约，实现多种接驳方式的便捷联系，通过开放式的慢行网络缝合城市空间的割裂；对内重点研究交通设施与站房的协调设计和各交通方式的有效布局，控制小汽车交通资源供给，充分发挥公共交通的主导作用。

综合客运交通枢纽的交通设计应综合考虑城市发展的总体效益，尽可能融入整体城市环境，将枢纽对所在区域的干扰降至最低的同时，充分发挥集聚优势，"以点带面"带动周边区域发展。在综合客运交通枢纽设施布置中应注重结合慢行需求，建立"复合立体"的内外交通接驳换乘体系，紧凑布设多种交通方式和换乘空间，尽量利用同一建筑体实现各种运输方式换乘的主体功能，避免"临而不接、接而不畅"现象出现，建设"无缝衔接""绿色高效"的低碳枢纽。

第5章

大型活动场馆低碳交通设计

大型活动的交通需求具有明显的集中聚集和集中离散特征，往往会在很短的时间、有限的空间内产生大量人流、车流的汇集。大型活动场馆的交通出行与建筑规模、设施布局和流线组织息息相关，场馆建筑规模决定了交通产生与吸引的交通流量多少，设施布局决定了各类人群到达和离开所采用的交通方式，流线组织则直接影响了人流、车流、物流的使用效率及体验，三者共同构成了整个场馆交通出行的核心要素。

大型活动场馆的低碳交通设计，应秉承绿色、集约、便捷、经济的设计策略，塑造魅力、安全、安心的出行环境，构建以绿色交通为主体的接驳设施，最大化提升行人尺度的交通环境感受。场馆低碳交通设计要与建筑设计保持良好的互动关系，确保低碳交通设计理念从规模、布局、组织三方面较好地融入整体建筑设计中，构建人车共存、协同运行的综合交通体系。

5.1 场馆交通分析技术

5.1.1 设计任务

大型活动场馆是指用于举办或承接大型活动的建筑或场地。按活动类型划分，大型活动场馆主要可以分为体育赛事场馆、演艺活动场馆和博览会场馆。各类场馆规模越来越大，承载的功能越来越综合。交通设施作为场馆建设中的重要组成部分，是满足各类大型活动多样化的交通需求，确保各级重要赛事活动的服务水平要求，保证高效、有序、安全的交通秩序的重要载体。因此，场馆交通设计需要从场馆客流需求分析、交通功能设施规模和布局、交通运行组织等方面着手，对场馆配套交通设施的规划和设计进行深入的研究，并通过运用计算机交通仿真的手段，弥补静态计算的局限性，利用动态和静态相结合的手段为大型活动场馆设计提供最优的交通解决方案。

场馆交通设计范围从出行链的角度进行划分，可大致分为外部交通设计和内部交通设计两部分（图5.1）。

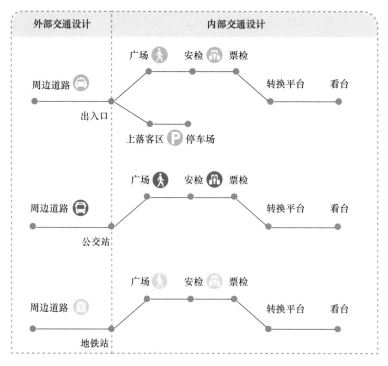

图 5.1 不同方式出行链的交通设计范围示意图

根据上述交通设计范围，大型活动场馆交通设计任务主要包含：

（1）外部交通设计

① 研究场馆区位及外部交通环境，明确场馆周边近远期的交通规划特征，强化以公共交通为主导的场馆集散交通方式。

② 为场馆在活动期间产生的交通流——包括人流和车流——的疏解提供便捷一体化的交通接驳系统，使接驳交通系统和城市既有的外部交通系统进行有序平滑的衔接。

（2）内部交通设计

① 结合场馆规模及外部交通环境测算交通设施规模，倡导绿色、集约、便捷、经济的出行模式及交通设施规划。

② 依据场馆建筑及总图专业的交通需求对场地交通设计进行技术反馈，明确各类交通设施规模，对比优化交通设施布局设计（包括出入口、停车场库、上落客区、公交场站等）。

③ 统筹外部人车交通组织，结合场馆内部交通设施布局，对日常运营、大型活动、紧急疏散三种工况下的人车交通组织进行优化，确保交通组织安

全、高效、有序。

④ 针对场馆建筑及交通设施布局与组织方案，通过定量化的手段进行评估，采用通行时间、延误、服务水平等多维度指标进行评价，为后续方案优化提供依据及方向。

·5.1.2 设计策略

低碳交通在场馆项目中的应用更加注重以人为本、绿色低碳，不仅要考虑设施的高效集约布局，塑造宜人的步行空间，而且要注重构建绿色低碳的出行模式，同时采用新手段，如数字孪生、交通仿真系统等，通过采集交通设施参数和周边道路人流情况，构建一体化数字孪生平台生成最优的解决方案，保障大型活动时场馆周边交通运行顺畅，促进场馆交通出行绿色低碳化。主要设计策略如下（图 5.2）。

图 5.2 设计策略示意图

（1）绿色：以公共交通为主导，倡导低碳可持续的出行模式

出行模式的调整主要是为了引导社会出行主体选择高效率、低排放的出行方式。不同出行方式的碳排放不同，大容量集约化的公共交通出行模式能有效满足大型活动期间巨大的出行需求。提高公交出行比例，必须倡导建设和完善公共交通设施，提高公交出行设施的供给能力和服务水平，同时完善空间差别化和适度的小汽车使用政策，将鼓励公交出行举措与限制私人汽车使用措施同时使用，效果最佳。

（2）集约：交通功能复合完备，打造高效集约的交通设施布局

大型活动场馆交通设计是由很多互相关联的交通基础设施构成的一个系统，主要包括公共交通站点、公交场站、行人过街设施、出租车上落客区、停车场等。设施布局力求"就近、集中、便捷"的原则，可结合场馆自身规模定位，对整体客流规模进行预测，并根据城市居民的出行特征及空间分布，合理分析场馆周边不同交通方式的抵离分布、不同方向的停车需求量和停车高峰时段，通过合理的设计，避免车辆过多的绕行。

（3）便捷：人车分流，塑造魅力、安全的出行环境

倡导绿色低碳出行，注重行人安全，提倡"人车分流"的设计理念。改善步行、非机动车与公共交通的综合换乘环境，优化行人步行感受，增强观众使用绿色交通方式的自发意愿。

（4）经济：设施规模适当，满足运营期间交通组织的经济性

经济可行的交通组织方案是场馆大型活动运营的实施前提，如何在适当的设施规模供给下确保运营顺畅，以满足场馆建设及运营的经济性要求成为运营方不得不面对的问题。大型活动场馆交通设计应通过经济成本测算与交通仿真等技术手段，调整设施规模布局，提出精细化交通管控及运营方案，减少不必要的设施建设和投入，确保运营中的交通组织的经济性。

5.1.3 技术框架

场馆交通设计工作的主要技术思路可以分为宏观战略、中观交通和微观交通三个层面（图5.3）。

（1）宏观战略，对市域范围以及场馆自身的定位进行研究；重点是根据场馆的级别与定位，确定场馆所在地区交通发展特征以及案例研究的成果，包括类似级别场馆的交通规划策略和场馆所在片区的出行结构。

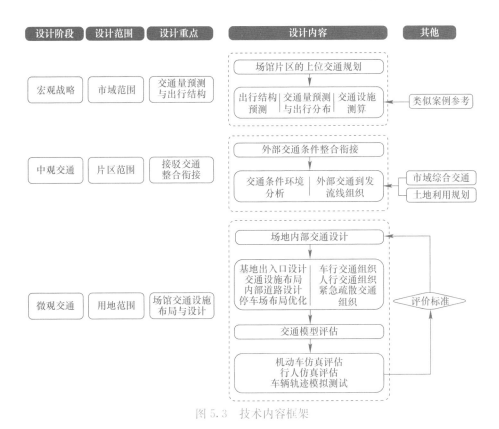

图 5.3　技术内容框架

（2）中观交通，对周边研究范围内的路网、公交、停车、地铁等展开规划研究，重点解决两方面问题：一是明确场馆客流集散的来向与人行交通接驳方式，二是对接外部道路与交叉口节点的机动车交通组织。

（3）微观交通，对场馆用地范围内的道路、安检广场、停车设施、慢行通廊及其与周边道路、轨道、公交系统的衔接展开规划设计。其核心是依托场馆交通设计，实现场馆与周边接驳交通系统衔接的绿色、集约、便捷与经济。

·5.1.4　设计要点

（1）出行结构与交通量预测

出行结构预测：测算不同特征日情况下的交通流量与出行结构，并根据客流需求测算各类停车设施规模。重点考虑绿色出行方式及相关比例，引导绿色出行。

交通量预测与出行分布：测算项目所产生和吸引的目标年高峰小时交通量，评估项目对外连接通道、出入口、坡道服务水平。

交通设施测算：根据当地的停车场配建及交通设计标准，结合项目设计指标进行停车配建需求预测，提出车库出入口位置与数量、停车库形式等建议；同时根据交通量测算公交场站规模、上落客区长度、卸货区尺寸等接驳交通设施规模。

（2）接驳交通整合衔接

交通条件环境分析：分析外部现状交通环境，包括出租车、公交、地铁、轨道交通等公共交通设施，同时针对规划轨道及公交线路、道路改造计划、周边社会停车设施规划等规划交通条件进行研究。

外部交通到发流线组织：结合上位规划及宏观模型信息，确定项目对外吸引比例分布，预测项目外部交通组织流线并进行优化评估。

（3）场馆交通设施布局与设计

基地出入口设计：根据设计方案结合可达性分析及相关规范，建议合理的人流、车流、货流出入口位置及布局。

交通设施布局：对上落客区布局、装卸货区布局、非机动车停车场布局、行人安检、票检、核录等设施布局进行设计与优化；同时结合建筑方案，审核设施布局与建筑功能之间的关系并进行优化。

内部道路设计：对地块内部道路进行交通方面的设计与复核，确保内部道路的服务水平相对舒适，提供各功能区之间的必要交通联系，确保内部道路能满足比赛以及其他大型活动举行期间的需求。

停车场布局优化：考虑项目范围内系统性的停车规划方案，提高停车场的整体利用效率，对不同时段机动车停车位的需求进行分析，通过共享停车位、机械停车或其他运营方式优化停车方案。

车行交通组织：对地块内部的车行交通循环进行审核并合理地组织内部主要交通，分析不同功能的车辆流线，包括公众小汽车、VIP车辆、大巴车等流线组织，尽量减少各类型交通之间的冲突点，以实现内部交通之间的相对独立性、可达性和便捷性。

人行交通组织：规划不同类型人群在项目内的人流动线，提出项目与周边的轨道及公交站之间的人行衔接方案，衔接方案不限于地下、地面和空中通道，需兼顾日常使用的舒适性与疏散的安全性。针对场馆的日常运营及大型活动举行期间两种不同情况，分别提出人行系统的交通组织和管理方案。

机动车仿真评估：针对进场、离场两种工况进行机动车仿真分析，评估周边道路及场地内部道路的服务水平及延误，确保设计满足日常及大型活动时的使用需求。

行人仿真评估：针对赛时进场、离场、紧急疏散三类仿真场景，并结合不同类型票种，详细分析进场、排队、检票、安检措施等，给出建议方案；分析项目土建空间条件，针对各出入口、集散厅、通道等人行交通汇集点，提出合理的位置、宽度、面积等关键控制指标，找出潜在的瓶颈点和干扰点，提出合理化建议；分析项目土建空间条件，对竖向交通（楼梯、电梯、扶梯）的数量、布置形式、通行宽度（含疏散开门宽度）等提出配置方案；分析观众进场、离场所需的排队、延误、检票及安检总行程时间，并评估相应服务水平（图 5.4）。

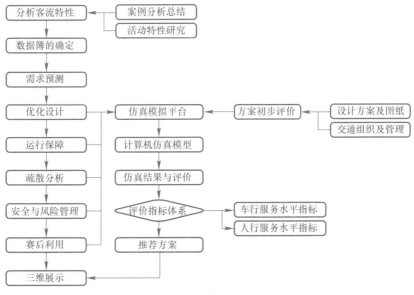

图 5.4　交通仿真技术路线

车辆轨迹模拟测试：为停车库、装卸货区以及内部道路进行详细的车辆行驶路径轨迹分析，以确保有足够空间让各类车辆通行顺畅。

5.2 ＼ 生态优先——北京 2022 年冬奥会延庆赛区

5.2.1　概述

环境与建设发展的辩证关系是人类社会文明进程中的永恒话题，习近平总书记提出的"绿水青山就是金山银山"这一生态文明理念深入人心。"尊重自然、顺应自然、保护自然"的生态价值观一直贯穿在北京冬奥会延庆赛区规划和设计的整体工作中，体现出"山林场馆、生态冬奥"的核心设计理念，展现了自然与人工互成相生的中国文化精神。

延庆赛区作为北京 2022 年冬奥会和冬残奥会三大赛区之一，其核心区位于北京市延庆区燕山山脉军都山以南的海坨山区域、小海坨南麓山谷地带，南临延庆盆地，邻近松山国家森林公园自然保护区（图 5.5）。赛区所在位置山高林密，风景秀丽，谷地幽深，地形复杂，建设用地狭促（图 5.6）。延庆

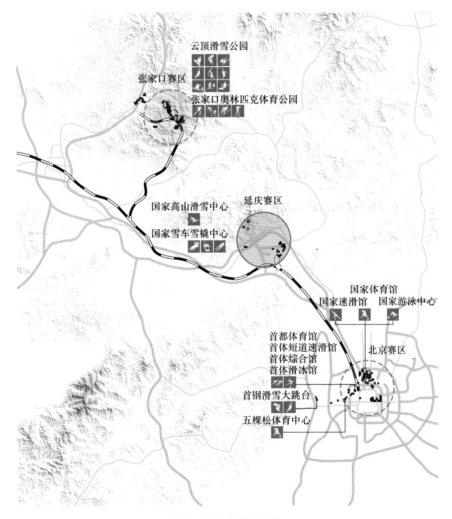

图 5.5　延庆赛区区位

图 5.6　自西南向东北俯瞰延庆赛区（孙海霆摄影）

赛区核心区集中建设两个竞赛场馆（国家高山滑雪中心、国家雪车雪橇中心）和两个非竞赛场馆（延庆冬奥村、山地新闻中心），以及大量配套基础设施，是最具挑战性的冬奥赛区之一，在冬奥会期间主要举办高山滑雪、雪车雪橇 2 个大项、21 个小项的比赛（图 5.7、图 5.8）。

图 5.7　竞技结束区（孙海霆摄影）

图 5.8　雪车雪橇中心东南方向鸟瞰（杨耀钧摄影）

　　延庆赛区交通设施设计延续绿色生态与可持续冬奥的理念，核心区交通基础设施规划和设计以最大限度地减少对延庆赛区自然环境的影响为目标，克服山形地势复杂的自然条件，尽量保护植被，以尊重自然生态为前提，提供绿色低碳的交通系统，疏解冬奥会举办期间产生的交通流（人流和车流），提高整个延庆赛区核心区内交通流的整合性和集散效率。

　　延庆赛区用地面积 799.13hm²，总体布局分为北、南两区：以小海坨山顶为起始，向下经中间平台、竞技结束区、竞速结束区及高山集散广场，沿山谷至塘坝及 A 索道中站为北区，主要建设国家高山滑雪中心；沿山谷向下经雪车雪橇出发区、冬奥村、塘坝及隧道、西大庄科村、山地新闻中心，再沿山谷至延崇高速入口为南区，主要建设国家雪车雪橇中心、延庆冬奥村及山地新闻中心等（图 5.9）。各功能区由延庆赛区连接线和园区 1 至 6 号路联系起来，并串联安检广场、山下交通枢纽和高山集散广场；山地索道系统由 11 段索道构成，由南区冬奥村西侧的山下索道站连接至北区集散广场、中间平台和各赛道及训练雪道出发区、结束区；各功能区分布停车设施，并配备两处直升机停机坪保障赛区应急救援等需求（图 5.10）。

1　山地新闻中心
2　延庆冬奥村
3　国家雪车雪橇中心
4　西大庄科村
5　赛后大众雪道
6　国家高山滑雪中心集散广场及竞速结束区
7　国家高山滑雪中心中间平台
8　国家高山滑雪中心竞技结束区
9　国家高山滑雪中心山顶出发区
10　松山自然保护区
11　赛区边界

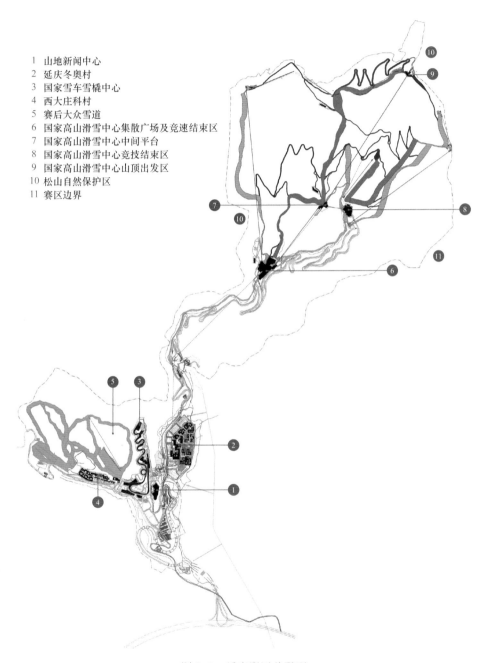

图 5.9　延庆赛区总平面

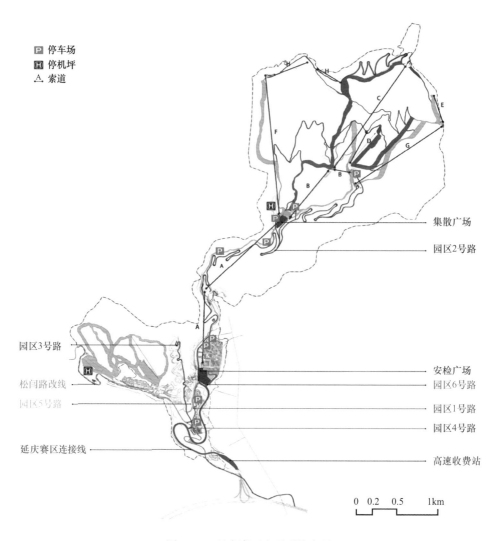

P 停车场
H 停机坪
⚊ 索道

集散广场
园区2号路

园区3号路
松闫路改线
园区5号路

安检广场
园区6号路
园区1号路
园区4号路

延庆赛区连接线

高速收费站

0 0.2 0.5 1km

图 5.10　延庆赛区交通系统布局

5.2.2　"轻介入"生态化设计

　　生态化的交通以"自然"为核心，关注交通与环境的和谐统一，尽可能
尊重、利用而不是破坏原有的自然条件来建设交通设施，减少对自然生态的
干扰。受地形影响，场地高差较大、各类功能区用地局促成为设计面临的首
要问题，因此场馆建筑采取了依山就势、顺应地形的板片式布局，不同高度

的错落平台形成的人工台地系统穿插叠落于山谷之中，索道系统、技术道路和车行道路系统、高山摆渡大巴停车场，以及赛区内服务赛时各类专属车辆的静态停车系统，各主要功能区以珠链式布局的形式散落在狭长险峻的山谷中，减少了延庆赛区建设对自然生态环境的破坏，也为山地环境交通设施建设提供了宝贵的技术经验支撑和应用示范。

（1）道路系统

尽可能尊重山体和自然地理条件，减少土石开挖量，减少对生态环境的破坏，延庆赛区内道路均按照山区道路标准设计。赛区对外道路交通联系的主要通道为延崇高速，备用通道为松闫路。延庆赛区核心区主要内部道路系统共计 8 条道路，包含 1 条公路、7 条园内部道路，总长约 13km。

（2）缆车系统

延庆赛区索道系统是赛区的重要交通系统。延庆赛区规划了 8 条客运索道（A、B、C、D、E、F、G、H），其中包括 2 条有中间转角站的单线循环脱挂抱索器八人吊厢索道，1 条单线循环脱挂抱索器八人吊厢索道，2 条单线循环脱挂抱索器六人吊椅，2 条单线循环固定抱索器四人吊椅，1 条 T-Bar 索道（图 5.11）。

（3）绿色公交系统

为降低碳排放量，北京 2022 年冬奥会倡导 "135" 绿色低碳出行方式。即 1km 以内步行，3km 以内骑自行车，5km 左右乘坐公共交通工具，观众在北京冬奥会期间可通过铁路、公交车等公共交通便捷抵达各赛场，在绿色出行同时缓解交通压力。公共交通是到达延庆赛区核心区的唯一交通方式，所有观众和注册人员均在外部，实行远端安检，后换乘奥运大巴和注册车辆进入赛区（图 5.12）。

（4）停车系统

延庆赛区共规划了 12 处停车区及上落客区，停车设施规模满足冬奥会各相关方使用需求（表 5.1）。按照各场馆区域，分为 C1 观众大巴和注册人员小汽车停车区和 C2 观众大巴上落客区、C3 临时落客区、高山场馆停车设施（C6 高山中巴交通场站、C11 高山集散广场/高山竞技结束区、C12 高山竞技结束区）、C4 雪车雪橇场馆停车设施、C6 山地新闻中心停车区、奥运村配套停车设施（C7 运动员打蜡房区、C8 冬奥村入口上下客区和 C9 NOC 停车区）和 C10 运营广场停车区（图 5.13）。

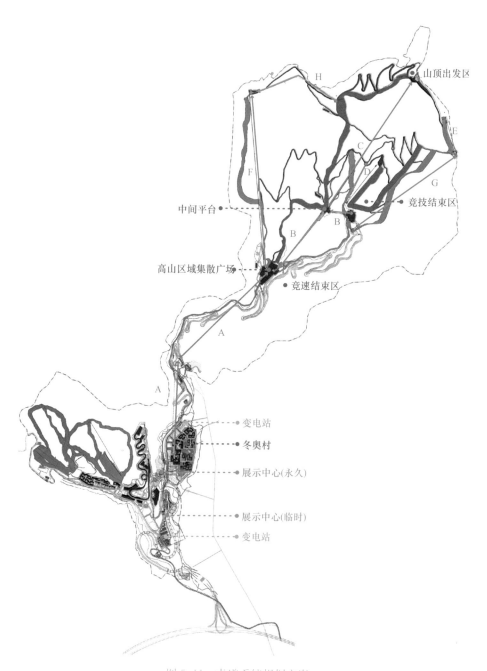

图 5.11　索道系统规划方案

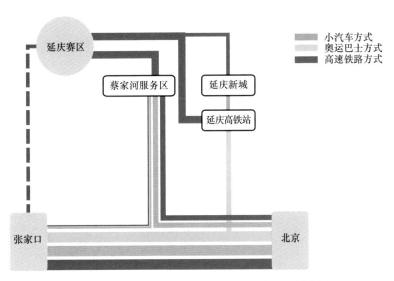

图 5.12　延庆赛区交通服务设施规划概念示意图

停车系统设计规模　　　　　　　　　　表 5.1

停车场编号	位置	中巴下客位	中巴上客位	中巴停车位	小汽车上落客位	小汽车停车位
C1	观众大巴和注册人员小汽车停车区	—		70 个（大巴）	—	157
C2	观众大巴上落客区	31 个（大巴）	9 个（大巴）		—	—
C3	临时落客区	3 个		—	—	12 个
C4	雪车雪橇场馆停车区	8 个（中巴）、3 个（大巴）		6 个		197 个
C5	山地新闻中心停车区	—				18 个
C6	高山中巴交通场站	4 个	4 个	6 个		
C7	运动员打蜡房区	81 间（打蜡房）				
C8	冬奥村主入口上下客区	5 个				
C9	NOC 停车区	8 个		—		238 个
C10	运营广场停车区	—		22 个（货车）		24 个
C11	高山集散广场/高山竞速结束区	10 个		2 个（消防）		27 个
C12	高山竞技结束区	8 个		—	4 个	23 个
	合计	165 个	115 个		4 个	696 个

图 5.13 赛区停车总体布局示意图

5.2.3　智能低碳运营

以"设计—运营—服务"一体化为原则，针对大型赛事交通系统的复杂性、特殊性，及其低碳化设计要求，考虑到国内对于大型活动的交通组织往往缺乏经验的实际情况，必须突破以往针对交通仿真系统就某一方面交通特性进行分析的局限，以大量的实测数据为基础，通过标定和验证交通行为模型，整合宏观、中观和微观交通仿真软件，开发集成化的可视化交通仿真平台，进而系统全面地针对特定范围、特定时段的交通组织、管理和运营方案进行测试与优化。在实践过程中，依托国家重点研发计划"科技冬奥"重点专项——复杂山地条件下冬奥雪上项目交通基础设施设计施工运营关键技术研究与示范研究项目（项目号 2018YFF0300305）开发了 VR 可视化仿真平台，并在冬奥会延庆赛区交通组织与设计过程中进行了应用。

该平台的创新点主要在于建立了离线与在线相结合的多场景多层次可视化场馆交通仿真平台，提出了场馆交通运营组织多维度综合评价指标体系，实现了场馆设计和赛时运营耦合下的复杂交通流互反馈仿真及评价，支撑场馆客流运营组织及应急预案的科学决策。

VR 可视化仿真平台主要由仿真平台后台控制系统、微观交通仿真软件、VR 场景交互系统、实时数据采集设备 4 部分组成（图 5.14）。平台整体以微观交通仿真软件为系统内核，用 C＋＋语言自研开发了后台控制系统，并利用 3DsMax、Unreal 引擎联合开发了前端 VR 场景交互系统（图 5.15），完成了仿真系统到 VR 的车辆和行人坐标方向实时数据、VR 到仿真的交互控制实时数据、外部采集客流和车流到仿真的实时客流车流数据三种不同类型数据流的高效整合与交互工作，从而实现了基于实时数据的 VR 动态仿真与评估功能。

在冬奥会延庆赛区交通组织设计过程中，针对赛区高山落客平台区域，可视化仿真平台对区域人行、车行交通系统进行了建模，并对散场工况下的客流引导措施进行了模拟。在未采取任何运营管制措施的情况下，缆车排队人数将持续堆积，在散场短时间内可能聚集大量排队客流，排队时间最高可达近 1h，排队人员将大量溢出排队区，影响散场通道处的楼梯与扶梯运行，同时楼梯、扶梯上有大量人员排队、拥堵，安全性较差，将造成持续时间 1h 以上的高碳排放区域（图 5.16）。

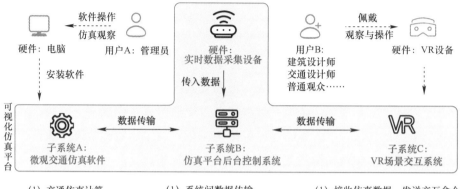

(1) 交通仿真计算　　　(1) 系统间数据传输　　　(1) 接收仿真数据，发送交互命令

(2) 评价数据输出　　　(2) 同步系统时间、空间坐标　(2) 在VR端/PC端展示3D仿真结果

(3) 模型参数设置　　　(3) 提供PC端UI界面　　　(3) 在VR端展示评价指标数据

(4) 2D仿真展示　　　　(4) 评价指标统计与展示　　(4) 在VR端管理控制预案

(5) 接收实时数据　　　(5) 设置与管理控制预案　　(5) VR场景内游览与观察

　　　　　　　　　　　(6) 接收与传入实时数据

图5.14　VR可视化仿真平台主体构成

图5.15　VR数据监测界面（左）与预案管理界面（右）

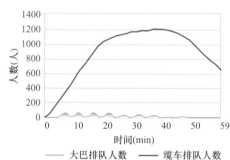

图5.16　无管制措施下的缆车与巴士排队区人数趋势变化

　　为了应对这一情况，高山场馆区域有必要通过客流引导来避免散场时的人员堆积。因此，需要通过可视化动态仿真的手段对客流引导措施进行测试。

如采取管制措施，在散场后不久通过手动操作模拟管理人员引导观众乘坐巴士。在此情况下，缆车排队客流缓慢减少，巴士排队客流逐渐上升。在散场结束后，缆车排队人数开始快速下降，并将在不到 1h 内完全消散。另一方面，巴士区域排队人数上升，但巴士通行能力较强，排队客流可在 1h 内全部疏散完毕（图 5.17）。

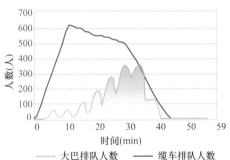

图 5.17　管制措施后缆车与巴士排队区人数趋势变化

通过 VR 可视化仿真平台的动态模拟功能，冬奥会延庆赛区能够对各类交通组织、交通管理措施进行模拟，验证不同管理措施下的实施效果。同时，VR 仿真还能使安保人员在无需实地演练的情况下熟悉场地环境、引导措施，能够起到活动前培训作用，节省了大量的经费，提升了活动运营的低碳性与经济性（图 5.18）。

图 5.18　VR 可视化仿真平台设备实际使用情况

5.3 \ 运维保障——北京世界园艺博览会

·5.3.1 概述

2019 年中国北京世界园艺博览会（简称"北京世园会"），位于北京市延庆区八达岭长城脚下，围栏区面积达 503hm²，展会期间吸引了来自 100 多个参展国家和国际组织的超 1000 万人次的参观，展会规模空前（图 5.19）。北京世园会工作内容涵盖片区规划、场馆建筑设计、景观及交通等多方面内容，本节以"运维保障"为切入点，主要针对场馆运营前后的风险评估进行介绍。

图 5.19 场馆布局

《大型群众性活动安全管理条例》（中华人民共和国国务院令第 505 号）和 2010 年 9 月发布的《北京市大型群众性活动安全管理条例》，提出了大型活动举办前要进行风险评估的要求。为避免存在低风险诱因放大或激化，并演变成群体性失控状态的风险，在大型活动举办前，对行人交通进行科学安全评价，甄别可能存在的风险，并提出相应的安全保障措施显得尤为重要。针对安全诉求，笔者团队提出了"运维保障"的主要评估原则，通过量化、多工况、分层级的管控及模拟分析，制定一套完善、安全、有序的运营期间交通组织管控方案。

5.3.2 高精模拟

园区主入口为南侧 1 号门及东侧 2 号门，两个入口将承担约 75% 的入园客流压力。为了保证园区内交通组织的安全与顺畅，项目团队通过 Legion 软件建立精细化仿真模型，输入既定客流、行人特性参数及设施通行效率等关键数据，用以评估片区内行人排队延误及潜在的安全风险（图 5.20、图 5.21）。

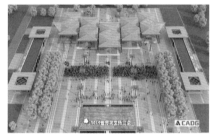

图 5.20 园区 1 号门实景（左）与模拟（右）

图 5.21 园区 2 号门实景（左）与模拟（右）

根据仿真模拟结果，1 号门与 2 号门在现有高峰小时客流规模和提供的安检设施数量条件下，安检和实名检查设施均严重不足，高峰小时结束后仍存在大面积安检区拥堵。考虑紧随的次高峰客流叠加，广场上的排队程度将持续恶化（图 5.22）。其中 1 号门高峰小时抵达的最后一名游客，需要约 45min后才能进入园区。2 号门高峰小时抵达的最后一名游客，需要约 1h 后才能进入园区，长时间的排队及等候不利于交通安全的大原则。

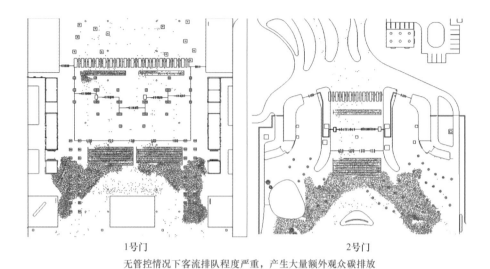

1号门   2号门

无管控情况下客流排队程度严重，产生大量额外观众碳排放

图 5.22 　1 号门与 2 号门仿真模拟情况

　　依据观众在门区的安检、核录和票检总等候时间需控制在 30min 内作为限制条件，经过模型测试，1 号门的客流需要降低为预测高峰小时客流的 70%，2 号门客流需要降低为预测高峰小时客流的 50%。当 1 号门和 2 号门客流超过上述流率时，需启动管控预案，通过调度园区摆渡车等方式，将后续抵达 1 号门和 2 号门的观众引至其他入口进入园区，减少主要入口压力，增加其他入口利用率的同时避免安全隐患的产生。

　　通过世园会现场数据采集及调研发现，2019 年 5 月 2 日当天 1 号门实际高峰客流约为预测高峰的 50%，未达到预测最高客流；2 号门实际高峰客流达到了预测高峰的 67%，超过了预测最高客流。但整体而言通过实时调度管理入口人流分布，使得门区行人交通组织整体较为顺畅，广场密度水平良好（图 5.23、图 5.24）。

图 5.23 　1 号门模拟进场（左）与实际情况（右）

图 5.24 2 号门模拟进场（左）与实际情况（右）

5.3.3 分级管控

中国馆作为北京世园会最具吸引力的参观地，预计高峰时段参观人次将达到 2.1 万人次，馆内人流承载量长时间处于"饱和"状态。中国馆内共有 3 层 6 大展厅，包含序厅、历史文化展厅、园艺精品展厅、多功能厅等（图 5.25），且不同展厅的停留点、动线长度及预计停留时长不尽相同（图 5.26），难以通过静态测算的方法来评估拥堵点和场馆内行人交通的状态。

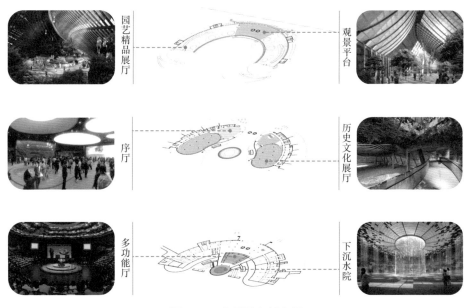

图 5.25 中国馆内部介绍

项目团队利用仿真模拟手段，以入馆客流量为分级依据，按照入场规律，得到不同客流分级状态下的排队长度及人流密度状态，并综合排队长度与人流密度水平作为启动各运营级别的指标，采用运营分级的方式进行场馆运行管理（图5.27、表5.2）。现场运营时，结合布置在场馆出入口的视频采集设备，监测馆内的观众数量，依据实时客流观测值，通过仿真模拟工具计算观众人流密度，选取不同的运营管理模式，实现智能管理和资源高效率分配的目的。

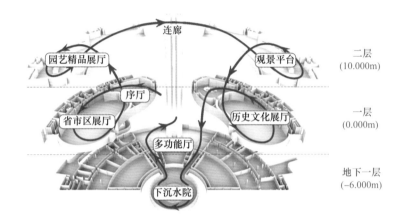

图 5.26　中国馆布局与参观动线

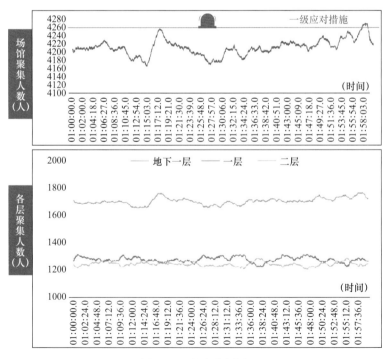

图 5.27　客流分析图

客流量与运营级别对照表　　　　　　　　　　　　　　　表 5.2

客流量	运营级别
小于最大瞬时承载量的 70%	常规运营
大于最大瞬时承载量的 70%，小于 90%	二级应对措施
大于最大瞬时承载量的 90%	一级应对措施

　　按照原运营规划方案，参观中国馆的观众在入口常设排队区排队，如遇高峰情况，队尾向临时排队区延伸。结合仿真分析，当排队密度超过 3.59 人/m²，中空的下层水院布局会对临时人流排队区域产生影响，存在安全隐患，因此建议中国馆临时排队区域向外移动到下沉水院以南区域，以增大观众的静态排队空间需求，避免局部骚乱现象发生的可能。依据仿真分析，规划方案中，地下一层观众绕水院一圈的动线组织，会由于多数观众存在短时间停留拍照等行为，对整个地下层浏览动线产生影响，增加了管理的难度和运维风险，建议高峰期取消观众绕水院一圈的动线组织（图 5.28）。

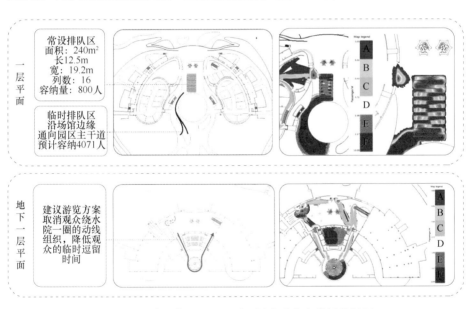

图 5.28　中国馆入口和地下一层水院仿真模拟分析图

　　根据 2019 年 5 月 2 号实际调研客流、排队等数据，与模型预测输出数据进行横向比对，发现整体游园时间、排队时间、吸引点逗留时间等均呈现了较高的一致性。一层西南角存在约 20min 的高密度集聚情况，东北角存在约 40min 的高密度集聚情况，当天实际调研数据印证了这点，证明前期模型输出结果可靠性高（图 5.29、图 5.30），提前制订的缓解拥堵及排队的措施真实有效。

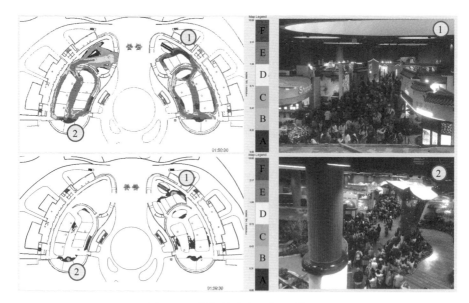

图 5.29　模拟堵点与现场调研匹配

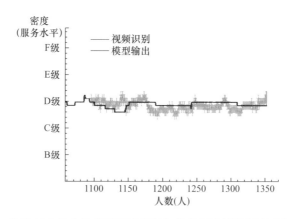

图 5.30　2019 年 5 月 2 号实际客流情况与仿真客流情况密度对比（一层）

5.4 量体裁衣——杭州奥体中心体育场大型晚会

5.4.1　概述

　　2019 年 9 月 10 日，某企业在杭州奥体中心体育场举办了一场大型晚会活动，当天有 5 万余人从杭州各地前往杭州奥体中心体育场参加晚会

（图 5.31），此次活动属于大型活动中的文艺演出晚会，其特点为人群规模大，人流到发十分集中，并在一定空间节点内形成饱和状态。此次活动所选择的杭州奥体中心体育场为已建成场馆，是杭州第 19 届亚运会主体育场，晚会举办期间场馆规模及周边配套交通设施均已稳定，此场馆能容纳 8 万人，建筑布局包含 6 小层平台、3 大层观众席与场芯观众席，场地内共有 5 个出入口供此次活动使用。

图 5.31　晚会现场

　　本次交通组织为既定需求及约束下的大型活动运营组织，需结合已建成的场馆布局及周边交通设施进行组织规划，同时如何实现低碳化交通运营组织显得尤为重要。为实现此次活动交通安全、有序、高效及低碳的目标，项目团队提出了"量体裁衣"的主要设计思路。与新建场馆不同，杭州奥体中心体育场是建成项目，用"量体裁衣"的方式，详尽分析活动交通需求，在不改变现状配套设施规模的条件下，定制化设计与优化交通运营组织方案，并通过多工况多方案比选的形式提供多种解决思路，统筹效率、低碳、经济性三大指标，甄别未来运营中潜在风险，提出精细化管理和交通指引措施，提高场馆内部的人流疏解效率，并通过交通标识内容与布点来指引进离场观众安全、有序、低碳集散。

·5.4.2 "全公交"接驳

为实现"双碳"目标，打造高效、节能、低碳的晚会出行模式，研究从优化交通供给结构出发，考虑人员进场主要选择"公共交通＋步行"的出行模式，根据以往类似大型活动分析及此次活动定位，对进场交通组织、参加年会人员类型及始发地进行分类，发现其中地铁/公交接驳客流占据了最大比例，且利用地铁/公交接驳既可以最大化利用既有公共交通资源，又很好地响应了低碳交通的整体组织理念。因此在晚会的组织方案中，摒弃了原先的一部分人员乘坐小汽车抵达场馆的做法，全体观众统一乘坐清洁能源大巴车进行集散。原地铁接驳方案过于集中在场地南侧，对于车辆调度与组织十分不利，考虑到场地东北侧博奥路空间较为充裕，将部分客流疏散至博奥路附近进行上落客，同时南侧客流利用支路系统分散公交停车（图5.32），力求人员分批次到达，提高进场的运输效率，进一步减少单位运输量的碳排放水平。

·5.4.3 多工况比选

根据场地特点及以往项目经验，制定本次散场交通组织的主要原则如下：①逐级分流，利用场馆及通道布局分层分方向疏解人流，将大量集中的人流疏解为分散、少量的人群；②集中转换，利用场馆地面/二层平台设置集中转换空间，搭配清晰简洁的标识指引，尽量以同一方向疏散为基础，最大化减少疏散过程中由人流冲突带来的额外碳排放；③设施充足，提前测算人流量及相应的设施通行能力，合理预测所需垂直设施规模、各方向通道宽度，以及接驳设施端的接待能力，确保疏散全链条过程中的各类交通设施充足。

最初的散场方案中散场规模达到了6万人，疏散过程中二层平台服务水平达到了D级，整体较为拥挤，碳排放水平较高，经过与组织方、交警及公交等多部门的沟通协商，降低场馆规模到5万人（表5.3），并根据初步仿真结果调整了散场流线（图5.33）。最终方案整体人行流线与公共交通实现无缝衔接，人行便捷有序，步行空间充裕，无障碍设施完备，最大化减少行人排队长度及时间，从而降低行人在步行途中的碳排放。通过完善绿色出行方式接驳空间，实现多方式、一体化便捷换乘，利用接驳交通与标识标志的统筹结合，完善便捷、低碳的交通组织方式。

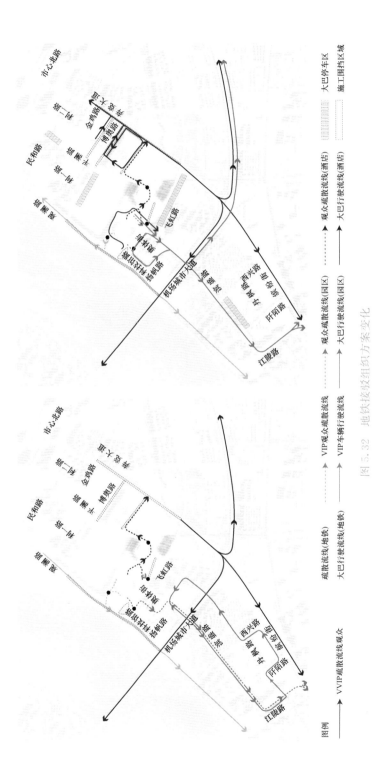

图 5.32 地铁接驳组织方案变化

多轮散场方案对比　　　　　　　　　　　　表 5.3

<table>
<tr><th colspan="2">指标</th><th>6 月</th><th>7 月</th><th>8 月 28 日</th></tr>
<tr><td colspan="2">总规模（人）</td><td>63481</td><td>57400</td><td>51113</td></tr>
<tr><td colspan="2">散场方式</td><td>同时散场</td><td>场芯—下层—中层—上层
分别间隔 10min 散场</td><td>场芯/下层—中层/上层
间隔 10min 散场</td></tr>
<tr><td colspan="2">场馆清空时间（min）</td><td>15</td><td>42</td><td>21</td></tr>
<tr><td rowspan="3">二
层
平
台</td><td>最大聚集人数（人）</td><td>19613</td><td>8600</td><td>8859</td></tr>
<tr><td>瞬时最大密度（人/m²）</td><td>0.78</td><td>0.35</td><td>0.44</td></tr>
<tr><td>服务水平</td><td>D 级（局部拥挤、
延误尚可接受）</td><td>B 级（空间充足、
步速自由）</td><td>C 级（轻微受限、
步速正常）</td></tr>
</table>

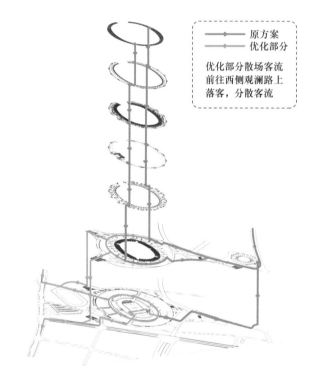

原方案
优化部分

优化部分散场客流
前往西侧观澜路上
落客，分散客流

图 5.33　散场组织方案变化

　　利用行人仿真软件 Legion 搭建看台及二层平台的行人仿真模型，标定客流及设施相关参数，仿真输出了进场、散场与紧急疏散工况下的时间数据，同时得到了人流最大聚集人数及行人服务水平等众多量化指标，用以判断人流拥堵区域及高碳排放区域，发现客流、设施规模与布局、流线组织及赛事安排等方面的问题并提出优化方案。以二层看台为例，从仿真结果可以看出散场时二层平台西南侧出现较大范围的 F 级服务水平，存在较大范围拥挤。

针对初步散场方案的拥堵及低服务水平，方案优化了二层平台局部组织流线及导向标识引导。基于散场路线方案优化以及分层分时散场策略，将优化后的散场方案进行仿真再评估，仿真结果显示二层平台平均密度显著降低（图 5.34），整体散场空间得到了充分利用，散场人行舒适度提升（图 5.35），人流移动平稳，人流碳排放分布相对分散。

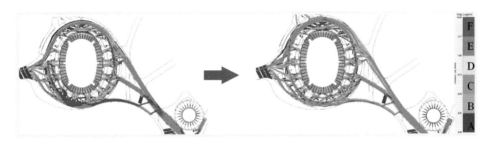

图 5.34　二层平台散场最大密度图对比

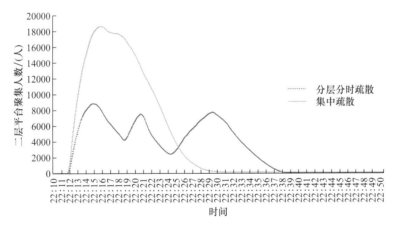

图 5.35　二层平台聚集人数对比

5.5 ╲ 量布裁衣——厦门新体育中心

5.5.1　概述

厦门新体育中心项目位于福建省厦门市翔安区，是国内首批专业足球场馆之一，也是一座大型综合体育场馆（图 5.36）。新体育中心总占地面积 102 万 m²，总建筑面积约 52 万 m²，包括了"一场两馆"（主体育场、体育馆、游泳馆）、全民健身场地与亲水商业区域，总计提供 83000 个观赛座位，能够为大运会、全运会、中超联赛等多种大型赛事提供理想的比赛场所。

厦门新体育中心高峰小时客流量大，极端工况下体育中心需满足 1h 内 5 万人以上的客流集散需求，且散场疏散时间要求高，赛事结束后全部客流需要在 1h 内基本疏散完毕；进场同样要求高，高级别赛事下入场时需经过身份核验、票检、安检等多道检查工序。基于项目高规格与严要求，项目团队在设计初期提出了"量布裁衣"的交通与建筑一体化设计思路，在用地上确保交通设施布局与建筑用地的紧凑集约，在规模上确保效率与经济的统筹考量，减少多余设施建设量，改善步行、非机动车交通与公共交通的综合换乘环境，提升低碳交通服务水平。

图 5.36　厦门新体育中心效果图

5.5.2　整体统筹

结合城市宏观交通系统，对场馆内部车行交通系统进行整体设计。交通量预测结果显示，所有机动车出行方向分布中，场馆群南侧的交通发生规模最大，超过总量的一半（图 5.37）。

因此，结合"面向主要客流、缩短步行距离"的设计原则，方案在进场

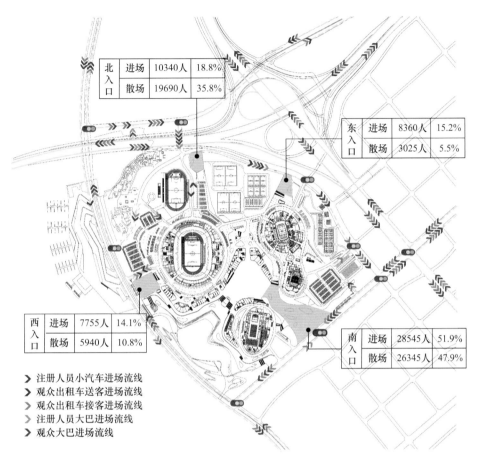

北入口	进场	10340人	18.8%
	散场	19690人	35.8%

东入口	进场	8360人	15.2%
	散场	3025人	5.5%

西入口	进场	7755人	14.1%
	散场	5940人	10.8%

南入口	进场	28545人	51.9%
	散场	26345人	47.9%

> 注册人员小汽车进场流线
> 观众出租车送客进场流线
> 观众出租车接客进场流线
> 注册人员大巴进场流线
> 观众大巴进场流线

图 5.37　厦门新体育中心交通设施整体布局、进散场交通流线与各向客流比例分析

客流量最大、外部流线最顺畅的体育场东南侧设置了大型港湾式落客区与出租车蓄车场，为主要赛事观众提供最便捷的进离场交通服务，减少观众步行距离，避免车辆绕行产生额外的碳排放。南侧因规划地铁站点，承担的散场客流量最大的，项目在北侧设置了大巴停车场，以提供便捷的疏散服务，并分散南侧交通量。

5.5.3　分部测算

厦门新体育中心主要的客流集散空间包括了 4 个首层人行广场和场馆二层步行平台，其位置关系为人行广场在外侧、二层平台在内侧。为了保证体育中心客流集散空间能够满足赛事大客流进离场要求，方案采用了"从外到内、逐步推进，由面到点、分部测算"的研究思路，依次对外侧首层人行广场安检设施布局、内侧二层平台尺度、内侧排队空间尺度进行了研究。

在场馆外侧，"一场两馆"配套有东、西、南、北四片首层人行广场区域，承担着主要的赛事客流集散功能。人行广场区域需首先考虑赛时观众的票检、安检需求。为了提升安检效率，减少排队等高碳排放区域的持续时间，项目团队首先结合需求对多种工况（体育场单场开放，体育场与体育馆同时开放，体育场与体育馆、游泳馆同时开放等多种赛事场景）下的安检设施布局进行了测算与排布，保证各个方向客流均能在规定时间内完成入场，不会产生排队滞留现象（图 5.38）。

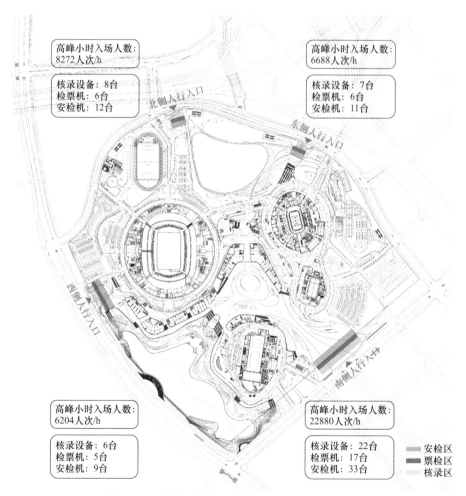

高峰小时入场人数：
8272人次/h

核录设备：8台
检票机：6台
安检机：12台

高峰小时入场人数：
6688人次/h

核录设备：7台
检票机：6台
安检机：11台

北侧人行入口

东侧人行入口

西侧人行入口

南侧人行入口

高峰小时入场人数：
6204人次/h

核录设备：6台
检票机：5台
安检机：9台

高峰小时入场人数：
22880人次/h

核录设备：22台
检票机：17台
安检机：33台

安检区
票检区
核录区

图 5.38　体育场单场开放工况安检设施布置方案

在内部，体育场、体育馆和游泳馆均设有二层平台作为普通观众的进离场通道。在进场时，赛事观众需要通过广场安检区，利用大台阶上至体育中心二层平台入场，在散场时，观众也需要通过二层平台下至广场后向四周疏散（图 5.39）。

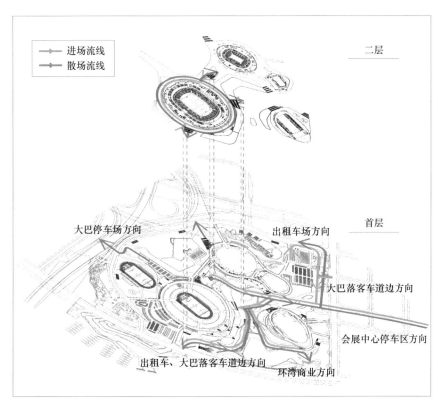

图 5.39　厦门新体育中心主体育场进散场人行流线

因此，二层平台的尺寸将直接决定观众进散场的步行体验和安全性。为了保证充足的通行尺寸，项目根据"一场两馆"全部开放的最极端工况，利用步行客流静态计算的方法对二层平台的服务水平进行了测算与分析，提出了平台通道宽度、楼梯宽度、台阶前排队空间宽度等量化指标要求，保证了客流集散的高效性、安全性与低碳性（图 5.40）。

在内部局部区域，结合分部测算结果，项目团队对不同工况下内部主要排队情况进行了测算。在多个场馆同时疏散的工况下，南侧首层人行广场、二层平台均会产生一定的排队情况。根据测算结果，二层平台排队区域平均服务水平为 D 级，存在局部拥挤现象，南广场由于空间较大，排队区域服务水平为 A 级，表现良好，预测不会产生持续性的高碳排放空间。两个区域的整体排队服务水平均在可接受范围内，应当在疏散时加强对二层平台排队区

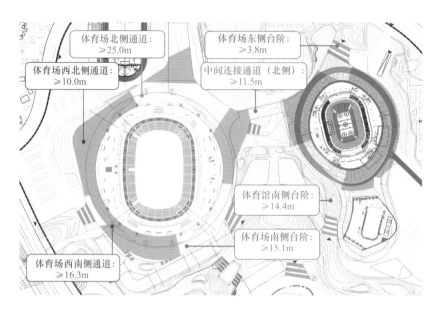

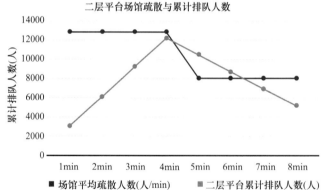

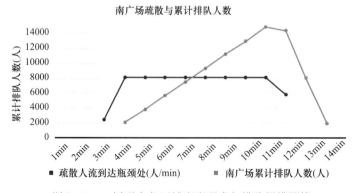

图5.40 二层平台各区域宽度要求与排队规模测算

域的管理，并通过人流引导避免个别排队区域人流过多，造成持续性的高碳排放空间，从而达到提升安全性与疏散效率、满足低碳性的目的。

5.5.4 细节评估

对于场馆内的部分复杂区域，慢行交通受到局部瓶颈空间、排队情况、安检设施等多种要素的干扰，仅凭静态计算难以确定区域具体服务水平，存在形成高碳排放区域的风险。因此针对局部重要细节，项目团队搭建微观交通仿真模型进行分析，对进场安检设施布设的充足性、广场空间和安检设施布局设计的可行性、排队区域的低碳性等方面进行检验。

根据宏观交通分析结果，在南侧人行入口共设置了安检机 33 台、票检机 17 台、核录设备 22 台，减少了原方案投入设施的数量，为实现低碳、节能、经济起到一定作用。在南侧主广场处，对以上安检设施、通行广场空间进行了建模。通过仿真分析发现较为狭窄的西南侧存在空间狭小、客流聚集情况明显的问题。针对这一情况，项目在安检区西南侧区域增加安检设施，提升通行能力，同时在中部位置增加蛇形排队区，加强引导，使更多的观众能利用东北侧的大量安检设施进场。

通过以上措施，项目广场与排队区域的瞬时最大密度能够基本维持在 D/E 级，整体客流延误尚可接受（图 5.41）。在过检时间上，所有客流平均过检时间小于 10min，能够保证入场交通组织的通行效率与低碳性。

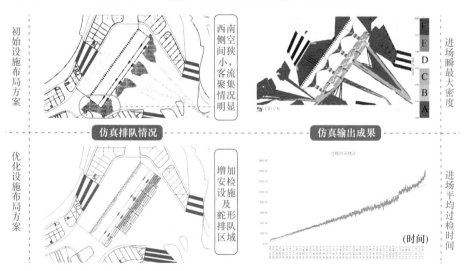

图 5.41　优化前后对比与广场仿真密度分析

5.6 \ 缓步代车——杭州国际体育中心

5.6.1 概述

杭州国际体育中心位于杭州市余杭区，处于东西向"科创大走廊"与南北向"千年文化轴"交汇处（图 5.42）。总用地面积 26.39 万 m^2，建筑面积 45.55 万 m^2，包含 60000 座专业足球场、19000 座体育馆及 800 座游泳馆，建成后将成为满足"国际赛事＋全民运动＋商业休闲"功能需求的一站式国际体育中心。

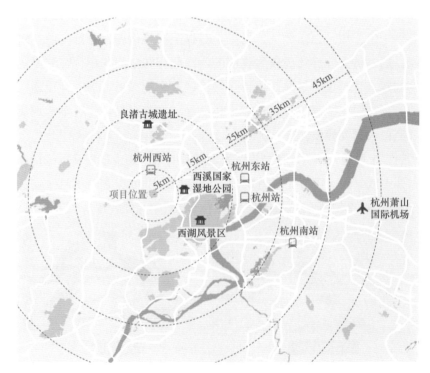

图 5.42　杭州国际体育中心区位

根据场地外部交通条件分析，基地机动化交通条件相对受限，但公共交通条件优越，场地内设有 3 号线创远路站出入口，北侧距离 5 号线葛巷站 600m，西侧距离 3/5/16 号线绿汀路站 500m。体育中心赛事期间客流量大，集聚度高，且周边道路资源有限，停车空间局促，因此充分利用已有公共交通资源，以慢行交通为主导的"缓步代车"设计理念成为必然。同时该设计理念也很好地契合了"双碳"的发展理念，以慢行代替机动化出行，减少出行碳排放的同时可将场馆原先用于设置停车场的空间设计为绿化用地，增加场地内碳汇能力。

5.6.2 小分散，大集中

场地受四至道路及周边河道影响，整体交通组织受限，其中北侧道路为主干路，最多设置一个出入口，西侧河道应满足通航需求，开口位置与形式同样受限（图 5.43）。在外部条件清晰的基础上，将南侧及东侧作为人流主要出入口成为顺其自然的选择，因此如何利用南侧及东侧广场连接周边地铁站及公交站成为研究重点。

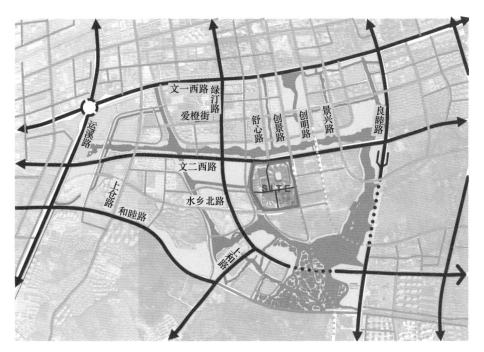

图 5.13   规划路网

根据外部公交设施布局考虑以南侧及东侧作为人流主入口，其中东侧出入口结合公交场站设置地面安检广场，承接葛巷站及部分创远路站客流；南侧主入口采用二层平台的形式布局，地面走车，二层安检，实现人车立体分离的设计思路，南侧主要承担绿汀路站及部分创远路站客流（图 5.44）。根据交通需求预测，赛前入场阶段高峰小时客流量将达到 33000 人，其中公交分担率超过 70%，绿色交通分担率达到 85%。因此在场地东、南安检广场共设置 8 台安检机及 30 台安检门的总体安检设施，以满足高峰瞬时客流冲击。

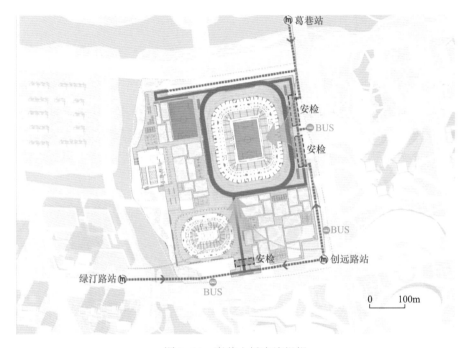

图 5.44　赛前入场客流组织

　　车行交通组织上以场馆东侧落客为主，赛事期间出租车利用东广场东侧支路进行落客，接驳巴士及球迷大巴等利用东南角支路落客，VIP 车辆专用西侧出入口，观众私家车通过南北两个出入口进出（图 5.45）。整体车行交通组织简洁有序，功能清晰，人车分离。

5.6.3　逐级分流，分区引导

　　大型赛事散场过程中往往面临人流量大、集聚性高、接驳方式多样的情况，因此如何高效、有序、安全的疏解散场人流成为设计重点。项目团队采用逐级分流、分区引导的逻辑进行散场交通组织设计。场地二层作为主疏散与转换层，各层人流汇集至二层平台进行顺时针转换，随后通过 4 处 1 级分流点进行分流，观众可选择前往周边 3 个地铁站与 3 处公交场；2 级分流点可供观众选择西侧轮渡及东侧公交场站；3 级分流点用于分流南向的大量客流，均衡引导客流至绿汀路站与创远路站（图 5.46）。

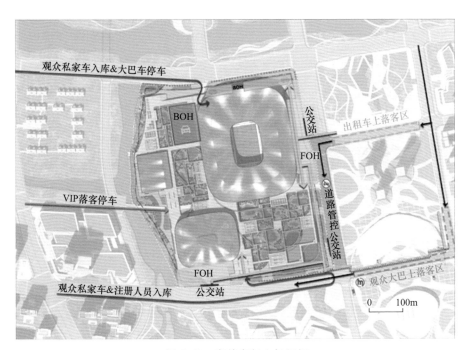

图 5.45　赛前车行入场组织

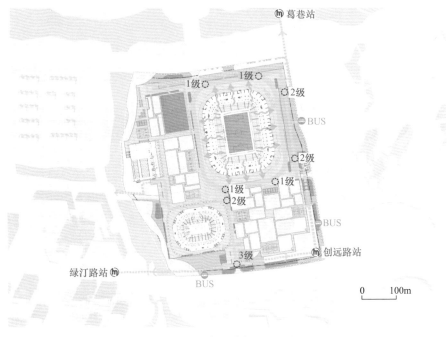

图 5.46　赛后散场客流组织

为了验证逐级分流的疏散策略高效有序，项目团队针对场馆散场工况搭建了 Legion 仿真模型。模拟结果显示场馆整体清空时间约 8min，20min 内 5 万人可以疏散至各接驳交通，疏散期间场地内主通道平均密度在 D 级以内，整体观众步行感受较为舒适（图 5.47）。

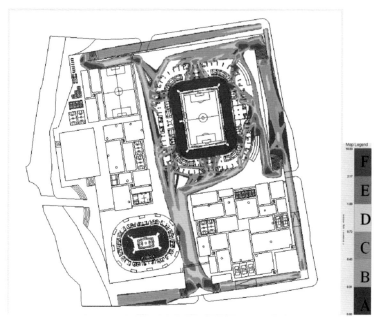

图 5.47　场馆散场平均密度图

5.7　小结

大型赛事活动尤其是国际性赛事的举办体现了国家的经济实力和国际地位，具有重要的国际及区域影响力。赛事活动场馆的设计及运营组织需考虑广大的参赛人员、观众、媒体团队等的需求，且大型赛事活动都具有客流聚集度高、瞬时客流量大的特点，绿色、集约、便捷与经济的交通设计是其正常举办的重要基础，具有前瞻性的交通运营组织是其正常举办的有力保障。

在交通设计和交通运营过程中笔者团队注重低碳生态理念的贯彻执行，一方面是在国际性赛事活动举办期间向全世界展示我们对低碳发展的重视和先进实践成果，另一方面低碳交通的相关技术使得大型场馆在国际性赛事活动举办后具备可持续发展的潜力。

　　笔者团队在北京 2022 年冬奥会延庆赛区、北京世界园艺博览会、杭州亚运会等赛事场馆的设计和使用过程中，通过绿色低碳的交通模式引导、高效集约的交通设施布局、动态仿真与虚拟现实技术结合的运营预演，确保了低碳交通的理念从规划、设计到最终落地实施。随着数字孪生、虚拟现实、大数据的迅猛发展，这类先进技术将逐步融合到交通规划与设计的分析过程中，为更加精准评估赛事活动的交通碳排放水平提供科学依据。

第
6
章

城市综合体
低碳交通设计

城市综合体作为功能多样化、业态复合化、体量巨大化的城市生产生活功能建筑，往往是城市交通出行的重要聚集点，具有交通出行量较高、各业态出行的高峰时间不同、货运交通需求复杂和停车需求量大等特性。因此，城市综合体交通系统的低碳化设计是城市整体交通系统低碳化的重要切入点与落地点，能够从微观层面影响与促进城市交通系统的低碳化发展。城市综合体交通系统作为城市交通的重要子系统，与城市交通系统一样，能够在车行、慢行、静态、公共交通等多个方面中践行低碳城市交通的设计理念，从促进绿色交通转型、优化车行交通效率、应用低碳交通技术等多个角度采取相应的设计手段，从城市交通的末端节点实现交通的低碳化转变。

6.1 交通设计咨询工作内容

·6.1.1 任务要求

城市综合体是一种在城市中拥有多种功能空间，具备多种功能的综合性建筑，多种功能之间相互作用形成互动的价值链。城市综合体的主要功能一般包括酒店、办公、购物、会议、会展中心、公寓等，按其业态可分为商住混合型、办公主导型、商业主导型与其他特殊综合体类型（例如 TOD 上盖型、会展主导型等）。

城市综合体的根本服务对象是城市客流，包括综合体内部的目的性客流与外部的非目的性客流。目的性客流指直接进出综合体的客流，是综合体内部交通系统的主要服务对象。非目的性客流指单纯经过综合体周边的客流。非目的性客流与目的性客流将一同对综合体外部交通系统产生影响。因此，从服务对象出发，可将城市综合体交通设计任务划分为外部交通设计和内部交通设计两部分（图 6.1）。

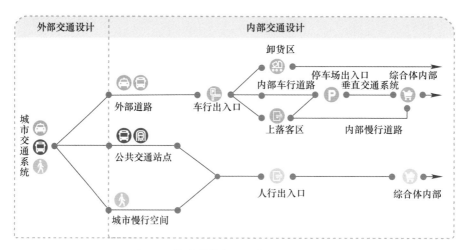

图 6.1　综合体外部、内部交通设计范围

（1）外部交通设计

车行衔接设计：针对综合体外部车行流线进行研究，找出各个方向交通进出基地的最主要路径，分析各向车行交通量，通过合理的出入口设置实现内外交通系统的高效衔接，降低因道路交通拥堵而产生的碳排放。

慢行衔接设计：针对综合体外部各类交通生成点进行研究，梳理不同方向慢行交通需求与路径，通过合理的慢行出入口设置提供便捷、顺畅的慢行衔接。

公交衔接设计：结合综合体所在区位、现状交通条件，对周边公共交通站点、线路提出合理设置建议，提升综合体公共交通可达性，提高绿色交通使用率。

（2）内部交通设计

出入口设计：结合外部交通分析成果，合理设置综合体车行出入口，保证良好的内外交通衔接。

首层坡道设计：对接车行出入口设置方案，合理设置地下车库出入口、上落客区、车行道路等车行交通设施，保证内部各区域的连通性与可达性。

交通组织设计：结合各类车行交通设施设置位置，提出合理的车行交通组织方案，最大限度地减少各种交通方式之间的干扰，实现人车分离、机非分离、客货分离。

静态交通设计：延续地下车库出入口设置方案，提出合理的停车场静态交通设施设计，充分考虑停车共享，适当降低小汽车停车位配建数，一方面能减少建设土方量，另一方面助力绿色交通的利用，鼓励大众转变观念，减少机动车出行需求。

货运交通设计：结合综合体货运交通需求，制定合理的货运交通组织方案。

步行组织设计：结合外部慢行交通分析成果，提出便捷、连通、独立、高品质的慢行交通组织方案。

垂直交通设计：对城市综合体内部垂直交通需求进行分析，提出合理的自动扶梯、电梯等垂直交通设施布局与设置方案，优化设施成本，提高设施使用效率。

6.1.2 设计策略

低碳交通在城市综合体场景中的应用主要以节约资源、降低碳排放为根本任务；结合不同交通运输方式的特点，通过制度调节、应用绿色技术、设计优化等手段，以实现交通出行结构优化、交通需求合理控制、交通效率整体提升、交通运输组织管理创新等目标。其遵循的主要设计策略如下（图 6.2）。

图 6.2 综合体低碳交通设计策略

（1）需求量化、精细定位

城市综合体低碳交通设计必须首先对城市综合体各个业态的交通需求进

行量化分析与定位挖掘。量化分析要求交通设计从综合体的所处区位、建筑规模、建设业态、发展目标等方面出发对综合体交通需求进行定量分析，对各种交通模式的高峰小时交通量进行测算，为交通设施的设计规模提供指导，为交通系统的精细化、低碳化设计提供量化基础。

精细定位指应当根据综合体不同的开发业态，对其慢行、车行、货运、垂直等不同交通系统的设计需求进行定性化的剖析，充分、集约地满足不同业态的运营需求，从而保障综合体主体功能的良好、稳定运行。

（2）设施适度、点面协调

综合体交通设施包括了地块出入口、停车场出入口、上落客区、停车位等。交通设施应采用集约设置、适度控制的设计策略，以综合体交通量化分析结果为依据，以满足综合体整体交通需求为标准进行设置，应避免过度设置交通设施造成对地面碳汇空间的浪费。

除交通设施以外，综合体交通组织应注意整体设计的"点面协调"。在中观、宏观层面内以城市综合体为"点"，以区域整体交通系统为"面"，使综合体交通与区域整体交通系统相协调，降低综合体周边城市道路交通拥堵风险。在微观层面则以交通设施为"点"，以综合体整体交通系统布局为"面"，通过合理的内部交通组织使交通设施与交通系统整体布局相协调，提升内部交通运行效率。通过点面协调的设计策略，综合体车行交通设计能够在内部交通和外部交通两个层面提升车行效率，降低车辆总体碳排放水平。

（3）停车共享、分时管控

小汽车出行是所有交通出行方式中人均碳排放最高的交通方式。城市综合体交通系统的低碳化发展应当考虑对小汽车出行进行适当的抑制，以促进综合体交通系统向公共交通、慢行交通等绿色交通模式转型。

为了实现这一目的，城市综合体可采用停车共享、分时管控的交通设计策略。例如综合体办公业态停车需求一般集中于白天工作时间，而商业业态停车需求则更多集中于周末和夜间。通过停车共享的设计策略，能够利用多种业态交通需求在时间层面的差异性提升停车位利用的灵活性，合理减少停车位的总体数量，以更加集约的方式满足城市综合体的交通需求。同时，通过对城市综合体总体停车位数量的控制，小汽车出行的便捷性与吸引力将相应降低，因此能够降低小汽车出行比例，引导更多出行量向绿色交通模式转变，实现整体交通系统的低碳化发展。

（4）慢行有序、垂直互联

慢行交通系统是综合体低碳交通设计的重要组成部分，良好的慢行交通系统设计能够通过舒适、便捷的慢行交通环境与慢行交通组织大幅提升综合体慢行交通分担比例，从而减少综合体交通出行的碳排放水平。

慢行交通也包括垂直方向上的交通系统。为了提升垂直方向上慢行交通的可达性、独立性、便捷性，降低内部垂直慢行交通所产生的能源消耗与碳排放水平，需要在空间连通与机械设备两方面进行设计。在空间连通方面，应当结合城市综合体建设条件，利用立体慢行通道与周边重点城市开发区域、城市外部慢行交通空间相衔接，为慢行交通提供更便捷的通道，从而提升慢行交通的分担率。在机械设备方面，应当对设备数量、运行方案进行精细化的模拟与评估，提升设备运行效率与经济性，降低设备运行产生的能源消耗，提升垂直交通系统的低碳性。

（5）公交强化、无缝衔接

公共交通作为主要的绿色机动化出行方式，能够起到降低外部交通拥堵风险、降低人均交通碳排放的作用。因此，提升公共交通的出行分担率是促进城市综合体交通系统低碳化发展的重要途径。

提升公共交通分担率可以从强化公交服务水平、提升公交衔接程度两方面着手。为了提升公共交通服务水平，综合体可以增设接驳公交、通勤巴士以及相应的停车区域、上落客区域，结合综合体运营需求增加公共交通的运力。为了提升公共交通衔接水平，城市综合体可以对慢行出入口、慢行流线进行优化设计，缩短公交接驳与换乘距离。通过以上两方面的优化设计，城市综合体能够实现内部交通系统与公共交通系统的无缝衔接，增强公共交通系统的吸引力，从而提升公共交通的出行分担率。

6.1.3 技术框架

城市综合体交通设计工作的技术框架主要可分为两个层面（图6.3）：

（1）结合城市宏观交通系统，对城市综合体的主要客流来向、各个方向交通需求、外部交通主要进出流线、对外主要公共交通廊道、公交站点等信息进行分析，梳理综合体主要内外交通衔接方向，为项目的内部交通设施布局、交通组织设计提供依据。

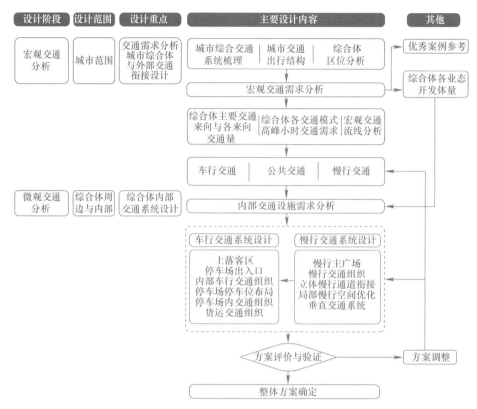

图6.3 综合体低碳交通设计技术路线

（2）结合城市综合体的整体业态需求与周边交通条件，对综合体内部车行、慢行交通系统进行精细化设计，合理布局车行、慢行出入口、上落客区、停车场出入口、内部道路、内部垂直交通系统等交通设施，为综合体的正常、高效运营提供条件。

6.1.4 工作要点

（1）交通需求分析

宏观交通需求分析是从城市综合体本身业态出发，对未来综合体产生、吸引的交通量进行预测，同时结合城市现状、发展趋势等信息对外部宏观交通需求变化进行预测，对城市综合体未来的主要交通来向、各来向交通量进行预测，以实现对外部交通系统服务水平、内外交通衔接水平的评估，并指导内部交通系统的设计。

微观交通需求分析是指针对项目内部各个业态的交通需求按照内部出行交

通链进行预测，具体包括对高峰小时基地出入口、停车场、上落客区、慢行出入口、自动扶梯、垂直电梯等设施的交通需求预测，用于指导项目内部交通设施的设置规模，同时为内部交通交织点、拥堵点的具体分析提供数据基础。

（2）城市综合体与外部交通衔接设计

① 公共交通对外衔接设计

在综合体外部交通区域内设置便捷的公共交通设施，提升城市综合体的公共交通出行比例，降低单位交通碳排放。具体设计手段包括：在周边城市道路设置公交专用道，增设公共交通站点，增加与优化公共交通线路等。

② 慢行交通对外衔接设计

良好的慢行交通衔接能够提供更便捷、顺畅、舒适的慢行进出通道，提升城市综合体的慢行交通出行比例，降低总体交通碳排放量。具体设计手段包括：面向各个慢行交通来向合理设置慢行出入口广场，结合公交场站设置慢行交通出入口，设置空中、地下的立体慢行交通通道，在周边城市道路设置高等级非机动车专用道等。

③ 车行交通对外衔接设计

良好的车行交通衔接设计应顺应外部交通流线，在合适位置提供足够数量与规模的车行交通出入口，以充分对接外部交通需求，降低城市道路交通拥堵风险。具体设计手段包括：针对多向交通的出入口设计；优化调整周边城市道路交叉口、隔离带；针对不同进出车辆功能与车型需求设计出入口；结合上盖停车场、地下环路停车区域等特殊停车空间的城市道路进出匝道设计；与城市综合体外部停车设施相互连通，共享停车资源等。

（3）综合体内部交通系统设计

① 内部交通设施需求分析

内部交通设施主要包括综合体出入口、停车场出入口、内部上落客区域、停车位等。集约、合理设置的车行交通设施能够减少车行交通系统对宝贵地面空间的占用、留出更多绿地碳汇空间、减少建设工程量，也能抑制过多的小汽车出行、提升车行交通效率、降低车行单位距离碳排放水平、提升综合体的低碳化水平。具体设计手段包括：基于宏观交通需求预测结果设置多向、充足的车行交通出入口；针对各类业态需求集约设置上落客区域；结合地下停车场设置上落客区域；集约设计停车场出入口；分时集约控制停车场停车位数量；优化停车场车位布局，减少总体停车面积；利用车行轨迹模拟技术细化局部交通空间尺度，合理节约车行交通空间；增加新能源停车位数量，引导更多低碳新能源汽车的使用。

② 车行交通系统设计

良好的车行交通组织设计能够提升内部车行交通运转效率，减少内部交通交织点，降低内部交通拥堵的风险，提升综合体的低碳化水平。具体设计手段包括：单向车行交通组织设计，多层次环形交通组织设计，通过立体化交通组织设计规避车行流线冲突，利用微观交通仿真技术验证与优化车行交通组织方案等。

③ 慢行交通系统设计

慢行交通系统设计包括平面慢行交通系统和垂直交通系统的设计。慢行交通系统是城市综合体内部活动的主要载体，便捷、顺畅的慢行交通组织不仅能提升城市综合体的商业运营品质，而且能够通过提供良好的慢行品质促进综合体整体交通向绿色交通模式转型。

慢行交通系统中，平面慢行交通系统的具体设计手段包括：设置空中、地下的立体慢行连接通道；提供充足的非机动车停车空间；分离慢行、车行交通系统，提升慢行交通独立性、优先级；通过空间设计手法提升慢行交通环境的景观性，吸引更多客流使用慢行交通方式；利用微观人行交通仿真技术对综合体内部人行空间服务水平进行总体分析与优化。

垂直交通系统设计是慢行交通组织设计中的特殊部分，是平面慢行交通组织设计在垂直方向上的延伸。垂直交通设计包括对综合体内部的自动扶梯、电梯等垂直交通设施的设计。垂直交通设施是综合体日常运营能源消耗的主要组成部分之一。对垂直交通进行精细化设计能够在满足综合体垂直交通需求的前提下控制扶梯数量，提升电梯运行效率，降低电梯总体运行里程，达到减少能源消耗与碳排放的目的。具体设计手段包括：扶梯服务覆盖范围分析，扶梯通行能力与饱和度水平分析，垂梯仿真模拟分析。

6.2 多维互联——杭州苕溪双铁上盖 TOD 综合体

6.2.1 概述

苕溪双铁上盖 TOD 综合体位于杭州市余杭区，距离杭州西站仅 4km，总建筑面积约为 238 万 m²，是国内首个双铁联动、轨道交通引领的超级 TOD 集群。作为探索未来城市运营的新范式，综合体主要包括东、西两个大型轨道车辆段上盖建筑、周边落地区建筑，整体功能以住宅为主（图 6.4）。

综合体主要业态功能集中在建筑二层，车行、慢行进出交通均需要进行竖向转换，其交通系统可达性、连通性受限，碳排放相对较高。针对综合体特殊的建筑与交通条件，苕溪双铁上盖 TOD 综合体结合"设施适度、点面协调"、"慢行有序、垂直互联"的低碳交通设计策略，采用了"多维互联"的重点设计思路，通过垂直与平面结合的精细化交通设计提升了综合体交通出行的便捷性，实现了地面、地上、地下车行交通系统的多维连通与各层立体慢行交通系统间的无缝衔接，有效提升了车行交通效率、提高了绿色出行比例、降低了综合体交通系统的碳排放水平。

6.2.2　多维连通

苕溪双铁上盖 TOD 综合体各板块均由地面商业开发、首层车辆段区域、二层停车场、顶层社区建筑等四部分组成。巨大的体量、底层车辆段的占用使该综合体难以像普通建筑一样通过地面完成车行交通的集散，而需要利用有限的匝道与地面道路空间高效满足车行交通需求，通过"多维连通"的设计思路提升综合体可达性，减少车辆绕行、拥堵所产生的碳排放。

项目团队首先结合区域路网条件，提出了"三轴集散"的交通疏解概念，以提升外部交通集散效率（图 6.5）。

在此概念基础上，为了保证基地车行交通能够通过三条南北交通轴便捷地对外集散，方案设计了 14 条车行进出匝道向远端延伸，实现综合体与地面城市交通的连通；同时，方案还设置了 2 条双板间车行匝道，保证了两个独立板块之间的交通联系。

在定量分析方面，项目团队搭建了宏观交通模型与空间句法模型，验证路网的连通性与可达性。宏观交通模型结合规划路网方案、规划地块交通吸发量等基础信息，根据经典四阶段法将区域出行车行交通量合理分配到各条规划道路上。模型结果显示区域各条道路服务水平基本为 C 级，服务水平在可接受范围内，区域交通拥堵风险较低。空间句法模型则基于规划路网模型进行了空间道路临近性分析，结果显示区域路网覆盖程度较高，所有地块出

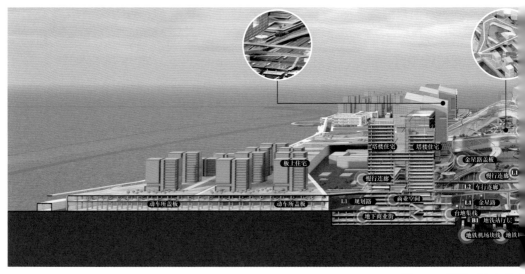

图 6.4　苕溪双铁上盖

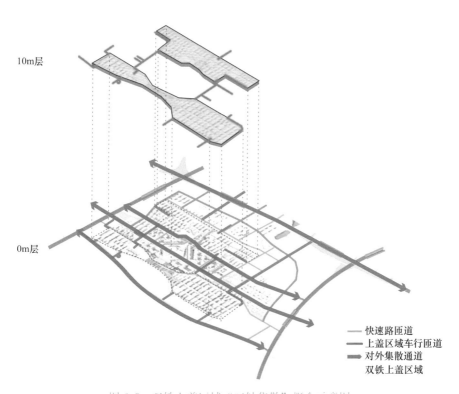

图 6.5　双铁上盖区域"三轴集散"概念示意图

商业建筑 商业空间 台地集市 L1 金星二路 仓前所盖板
塔楼住宅 慢行连廊 板上住宅

—— 慢行连廊
—— 车行连廊
—— 地面道路

体剖面示意图

行便捷性均较高，对应的土地价值也较高（图 6.6）。基于以上分析，规划路
网方案能够以较高水平满足区域交通出行需求，同时能够提升各地块开发的
经济性。

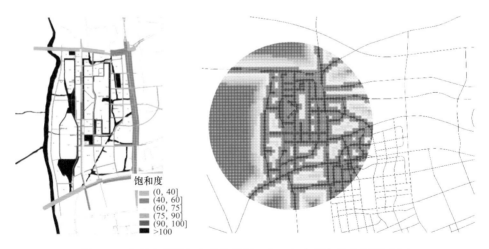

饱和度
(0, 40]
(40, 60]
(60, 75]
(75, 90]
(90, 100]
>100

图 6.6 宏观交通服务水平分析图（左）与空间句法分析图（右）

·6.2.3　无缝衔接

现代城市慢行活动多样化。打造便捷的慢行交通系统是提升生活品质、促进低碳出行的重点。而受限于特殊的建筑形式，与地面、轨道站点等城市慢行空间的衔接往往是 TOD 上盖型综合体交通设计的难点与痛点。苕溪双铁上盖 TOD 综合体采用了"无缝衔接"的设计思路，构造了多维立体慢行系统，从多种交通方式、多种交通需求层面满足了综合体的各类慢行交通需求，提供了理想的慢行交通环境。

为了保证慢行交通的便捷性，苕溪双铁上盖 TOD 综合体设置了 16m 空中环廊、6m 高线公园、多维健身步道三组慢行交通通道，构成了多维立体慢行系统（图 6.7）。

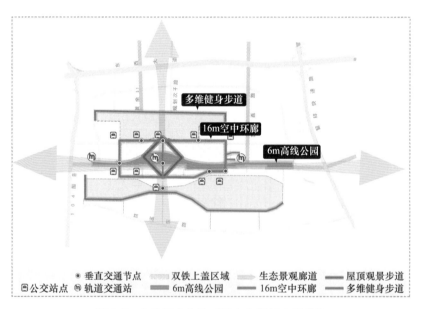

图 6.7　上盖综合体的三组立体慢行交通系统

其中，位于 16m 层的"日"字形空中环廊串联了两个板块，并通过环廊上的垂直交通节点、外延通道衔接了三处轨道站点与高线公园。高线公园沿金星大道设置在 6m 层，提供了地面空间与高架慢行通道在垂直方向上的衔接点，使得整体慢行衔接更为顺畅，同时让行人享受更好的慢行环境。

多维健身步道沿着上盖建筑外围设置，共均匀分布了 22 条进出匝道，主要为非机动车与健身散步等慢行出行行为服务，重点解决了非机动车的交通衔接问题（图 6.8）。

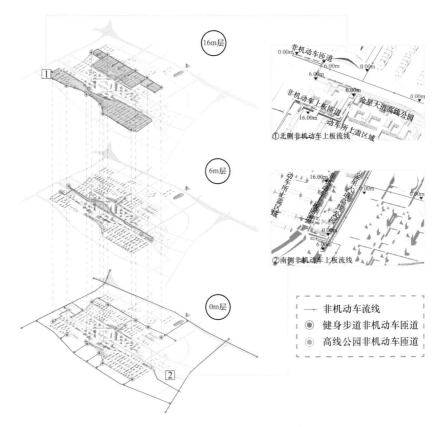

图 6.8　综合体非机动车交通流线

上盖社区客流能够通过 16m 盖上慢行道路到达盖上学校等目的地，也能够沿 16m 空中环廊，经垂直交通节点到达金星大道沿线的苕溪站、网坝站等各个轨道交通站点，实现慢行与轨道交通的无缝衔接（图 6.9）。

利用垂直交通节点，综合体实现了空中环廊、高线公园、地面道路等不同慢行系统的穿梭转换，打造体验多样化、趣味性的慢行空间（图 6.10），更利于提升上盖社区居民的日常出行慢行交通比例，减少盖上交通所产生的碳排放。

除此之外，综合体在 16m 层还预留了无人公交的通行条件（图 6.11）。上盖社区客流可利用无人公交往返于各个站点之间，满足通学通勤、轨道换乘等出行需求。

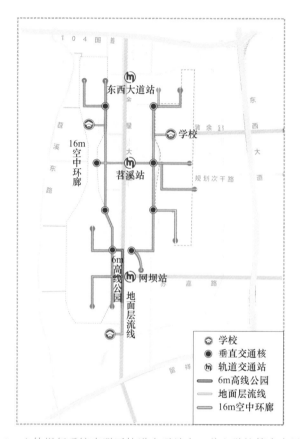

图 6.9　立体慢行系统串联了轨道交通站点、盖上学校等多个目的地

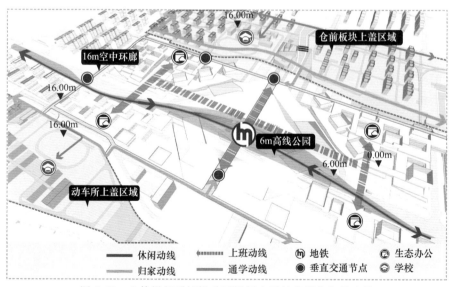

图 6.10　立体慢行系统提升了慢行交通的多样化和趣味性

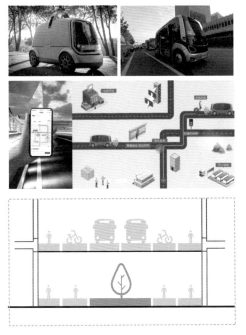
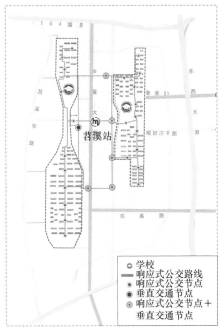

图 6.11 板上无人公交系统构成

总体而言，多维立体慢行系统实现了综合体慢行交通系统与城市空间的无缝衔接，能够为盖上社区提供更好的绿色交通出行环境，降低综合体整体交通的碳排放量。

6.3 \ 高效衔接——武汉天河会展中心综合体

6.3.1 概述

武汉天河会展中心综合体位于武汉市黄陂区空港国际商务新城区域内，距离武汉市中心约 15km，周边路网资源丰富，规划设有 2 号线、7 号线、13 号线、17 号线、18 号线、汉孝城铁等 6 条轨道线路、5 个轨道交通站点。

武汉天河会展中心总建筑面积约 120 万 m²，其中包括会展中心建筑 90 万 m²，配套商业、办公 30 万 m²，是华中地区净展面积最大的会展主导型综合体。综合体整体布局中，会议、会展功能主要分布于西侧，东侧建筑则为商业、办公建筑（图 6.12）。

图 6.12　会展综合体外部路网、轨道交通站点与内部功能分区

以会展为主的多种功能组合对综合体慢行、车行、货运交通的组织衔接与交通效率提出了要求，而会展主导型综合体客流量大、高峰小时集中的特点又对综合体与城市交通系统之间的相互衔接提出了挑战。项目结合"设施适度、点面协调"和"公交强化、无缝衔接"的低碳交通设计策略，采用了"高效衔接"的重点设计思路，对内部结合出行链与交通需求设计客货分离、有机衔接的完整交通系统，对外部则通过多向接驳强化综合体与城市公共交通系统间的衔接，以提高内部交通效率、提升整体绿色出行比例、降低拥堵风险与整体交通系统的碳排放水平。

·6.3.2　客货分离

会展功能是武汉天河会展中心综合体最大的交通生成源。会展交通具有客流量大、高峰小时系数高、潮汐性强、运营车辆特殊、注重安全性等交通特征，这对于慢行交通、客运交通、货运交通三个交通系统的高效运营、协调组织均提出了极高的要求。因此项目团队提出了"客货分离"的设计思路，形成"三环、三轴、四分区"的交通设计方案，以明确服务对象，减少功能交错（图 6.13）。

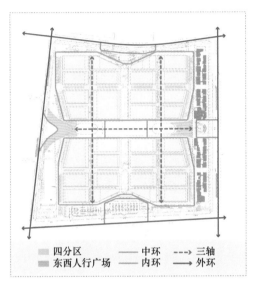

图 6.13　会展中心综合体内部交通系统采用"三环、三轴、四分区"的总体设计理念

外环通道承担了内外车行交通衔接的功能，四个内环通道承担了客运交通功能，中环承担了会展部分的货运交通功能。三组环形通道彼此分离，承担不同的车行交通功能，保证了各个系统的独立性。人行交通主要沿内部"一横两纵"三条轴线延伸，使人流能够避开内环车辆，直接进入场地，保证了人车分离。

在场地内部，车行中环、内环均采用单向交通组织的形式，以在有限的场地空间中尽可能提升内部车辆的通行效率、减少车行空间占用，从而降低内部车辆运行所产生的碳排放，在场地内留出更多绿化空间，增加碳汇（图 6.14）。同时，该组织方式也能适应会展综合体局部开展、全场开展等不同的办展工况，能够根据具体情况进行调整，具有高效灵活的特点。

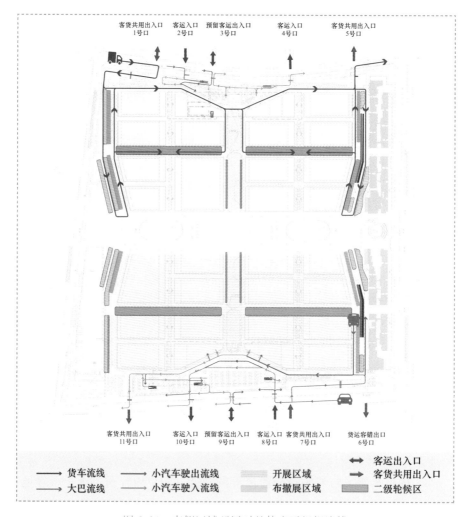

图 6.14 南侧区域开展时整体交通组织流线

6.3.3 公交提升

　　大型会展综合体具有高峰小时客流量大、出行较依赖机动化交通方式等特征。为了保障交通服务水平，降低交通碳排放量，大型会展综合体应通过各类设计方式强化公交出行，促使更多客流使用低碳的公共交通方式。武汉天河会展综合体交通系统设计针对以上特征，采用了"公交提升"的设计思路，使综合体交通系统与项目周边规划的 5 个轨道站点和客运大巴充分对接（图 6.15）。面向临近的 3 个地铁站设置了慢行主通道，引导客流从地铁站快速步行进入东西两侧的主登录厅，为远端的 2 个轨道站点则设置了相应的接驳线路，使更多客流能够通过轨道交通便捷到达基地，有效提高会展客流的公共交通利用率（图 6.16）。

图 6.15　基地与 2 号线、7 号线站点接驳线路

　　综合体南侧的航城大道是承接武汉市区方向交通量的主要通道。因此，基地在南侧区域设置了内部车行主通道与接驳车上落客区，供接驳车辆上落客与快速通行。接驳车上落客区靠近南侧次登录厅，使得接驳车客流能够快速抵达南侧次登陆厅进入展馆。为了适应近期、中期、远期基地建设情况与城市公交发展情况，综合体交通系统规划了近期、中期、远期三种接驳交通组织方案（图 6.17）。

　　除接驳公交外，客运大巴也是会展主导型综合体不可忽略的一类交通方式，亦是降低综合体交通量和碳排放水平的重要手段。为了服务客运大巴客流，同时避免客运大巴在基地内部与货运车辆产生交织，武汉天河会展中心

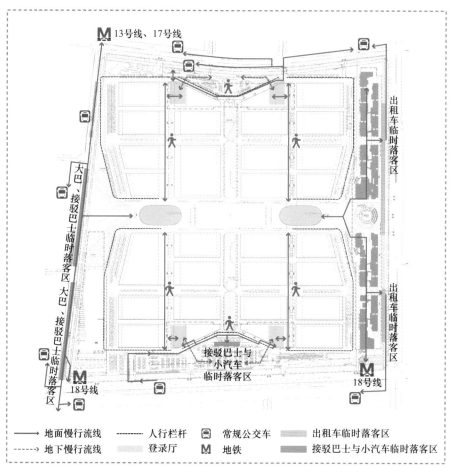

图 6.16　会展综合体对外慢行交通组织

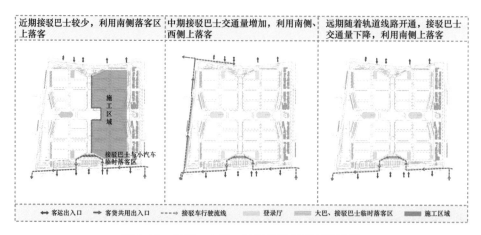

图 6.17　近期、中期、远期接驳车辆交通组织

综合体在外部西侧高架桥下空间设置了大量大巴停车位，结合西侧人行主广场设置了大巴落客区，保证了客运大巴上落客与停车的便捷性。在进场时，大巴客流能够在西侧人行主广场上落客，大巴空车驶入停车场。在离场时，大巴客流可步行至停车场集中上客离开，整体流线便捷且方便运营组织（图 6.18）。

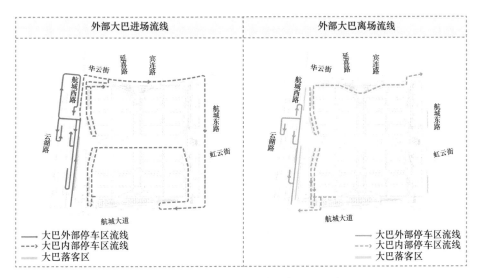

图 6.18　外部大巴场站位置与进出流线

通过以上措施，武汉天河会展中心实现了慢行空间与接驳交通空间一体化设计，提供了便捷、易用的接驳交通服务，进而提升了轨道交通、公共交通等绿色出行模式比例，最终在区域与综合体层面降低了交通系统的碳排放水平。

6.4 \ 化整为零——重庆中渝广场

6.4.1　概述

重庆中渝广场位于渝北区南部，距离重庆市政府直线距离 6.9km，距离观音桥商圈直线距离 3.6km，周边环境以住宅区及行政中心为主，用地面积约 7 万 m²，总建筑面积接近 60 万 m²。该项目是典型的商住混合型综合体，业态包括住宅、办公、商业、教育等。项目地处松牌路立体交叉口东南角，具有背景交通量大、出入口限制多、综合体本身交通产生吸引总量大、各业态到发交通高峰时间不同、地形高差明显、道路空间局促等诸多交通不利条件。因此，综合体交通设计应用了低碳、高效、立体的交通解决方案，充分体现绿色交通在复杂交通环境下的优越性，解决了综合体不同业态进出交通痛点，促进综合体交通系统的高效化、低碳化发展。

此次交通设计结合"需求量化、精细定位""慢行有序、垂直互联""公交强化、无缝衔接"的低碳设计策略，贯彻以人为本的发展目标，提出了"化整为零"的重点设计思路，具体包括：通过地下环路及立体交通组织区分交通功能需求、分流地面交通；通过地下环路与公共通道交通组织实现与相邻地块的交通系统共享，灵活高效地满足了多种交通需求，提升车行交通效率；充分利用轨道 3 号线、4 号线嘉州路站及综合体周边丰富的公共交通资源，通过多维多向的慢行连接通道使基地与周边慢行交通、公共交通系统深度衔接，提供便捷良好的慢行交通环境、提升基地绿色出行比例，达到"业态串联、立体连通"的交通目标，促进低碳化发展。

6.4.2 业态串联

针对规划年交通预测中发现的周边路网交通运行压力较大问题，综合体在周边规划了 3 处市政匝道，直连地库与外部市政道路，缓解基地周边市政开口压力，实现基地地库进出车辆的快进快出（图 6.19）。

综合体共设置了五层地下车库，对外交通可分别在综合体北侧利用匝道或在南侧利用两地块之间的坡道实现与地库地下二层的连通，同时结合地面车行出入口以及地下四层 L2 快出匝道，实现项目车行交通与外界的立体连通。北侧红锦大道连接 D 匝道和 C 匝道分别为单向快进匝道和单向快出匝道，满足机场方向主要交通来向车流需求。地下四层的单向快出 L2 匝道则实现了与西侧市政道路松牌路的连通，实现住宅区等内部车流的快出功能（图 6.20）。

综合体地下各层根据交通需求确定了交通功能布局。地面层以出入库及上落客功能为主；地下二层作为兼顾市政功能的车流转换层，设置快速进出内部通道，服务于常规公交站点、旅游大巴停靠站等功能，同时还有装卸货、停车及部分上落客功能；地下三层、地下四层则主要服务于住宅停车等。在地下二层，综合体打造了单向组织大环的交通组织形式，使功能分区更加合理分散、市政交通和内部交通相互分离，提升了各业态功能的运营独立性（图 6.21）。

图 6.19　综合体整体交通来向与交通量测算

在交通组织深化过程中，进一步考虑了本项目与南侧 4 号地的互联互通需求，对地下二层顺、逆时针交通组织进行了方案比选分析，确定了逆时针交通组织更符合多层连通、快进快出的交通需求，与 4 号地的连通更加便捷高效，整体实现了业态串联、系统共享、组织有序的目标（图 6.22）。

·6.4.3　立体连通

综合体周边慢行设施丰富多样。在地上，综合体北侧规划有新牌坊人行天桥，串联了周边地块之间的慢行系统，同时极大地满足了综合体人流的过街需求。在地下，综合体与东侧 10 号地、南侧 4 号地之间均设置了地下连廊系统，有效提高了综合体的慢行可达性，进而促进了综合体绿色交通比例提升（图 6.23）。

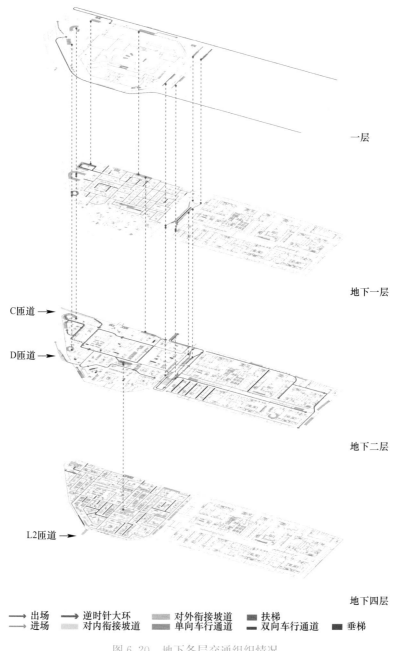

一层

地下一层

C匝道 →

D匝道 →

地下二层

L2匝道 →

地下四层

| → 出场 | → 逆时针大环 | ▨ 对外衔接坡道 | ■ 扶梯 |
| → 进场 | ▨ 对内衔接坡道 | ■ 单向车行通道 | ■ 双向车行通道 | ■ 垂梯 |

图 6.20　地下各层交通组织情况

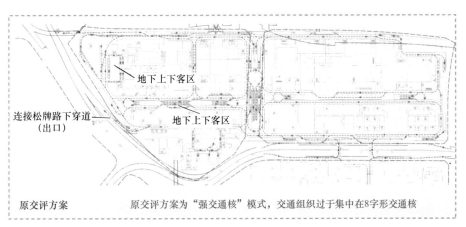

连接松牌路下穿道——
（出口）

地下上下客区

地下上下客区

原交评方案　　　　　原交评方案为"强交通核"模式，交通组织过于集中在 8 字形交通核

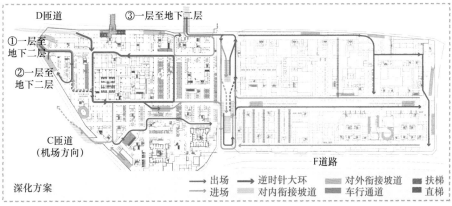

图 6.21　地下交通方案由 8 字形交通核调整为单向大环交通形式

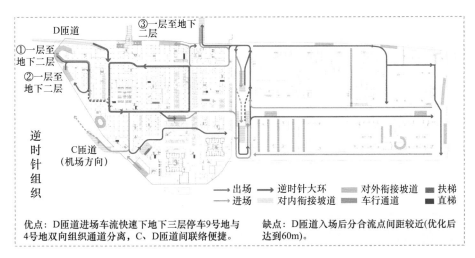

优点：D匝道进场车流快速下地下三层停车9号地与
4号地双向组织通道分离，C、D匝道间联络便捷。

缺点：D匝道入场后分合流点间距较近(优化后
达到60m)。

图 6.22　地下二层停车场顺逆时针组织方案对比（一）

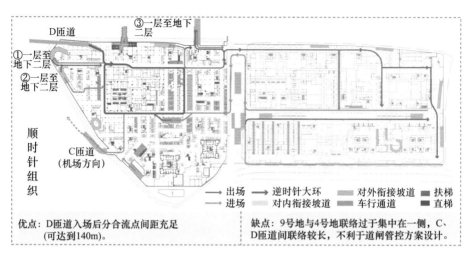

顺时针组织

③一层至地下二层

D匝道

①一层至地下二层

②一层至地下二层

C匝道
（机场方向）

→ 出场　　→ 逆时针大环　　　对外衔接坡道　　■ 扶梯
→ 进场　　　对内衔接坡道　　　车行通道　　　■ 直梯

优点：D匝道入场后分合流点间距充足
　　　（可达到140m）。

缺点：9号地与4号地联络过于集中在一侧，C、D匝道间联络较长，不利于道闸管控方案设计。

图6.22　地下二层停车场顺逆时针组织方案对比（二）

—— 人行线　　■■■ 地下连接通道　　🚏 公交站点
▬▬ 立体天桥　　||||||| 人行道

图6.23　综合体对外慢行衔接通道

在内部，结合特殊的地势条件，综合体形成了十分丰富的慢行交通系统。综合体地下一层夹层、地下一层共设置了5个慢行出入口，连通了轨道3号线、4号线和周边地块，并设置了住宅入户大堂，与地下车库相衔接（图6.24）。地铁客流能够通过地下慢行通道直接进入综合体核心的地下一层夹层，进而通往综合体各个业态，综合体与轨道衔接极其紧密。

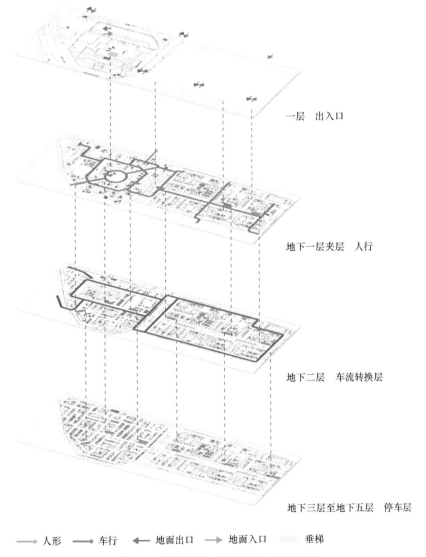

一层 出入口

地下一层夹层 人行

地下二层 车流转换层

地下三层至地下五层 停车层

⟶ 人形　⟶ 车行　⟵ 地面出口　⟶ 地面入口　▨ 垂梯

图6.24 综合体地下垂直慢行交通组织

通过在地面对接立体过街通道、结合公共交通站点设置慢行出入口、在地下设置慢行通道衔接轨道交通站点，中渝广场综合体打造了立体接驳、各向连通的慢行与接驳交通系统，使得项目整体公共交通出行率达到了 60%，实现了综合体交通结构的低碳化转型。

6.5 提效降耗——上海中银金融中心

6.5.1 概述

上海中银金融中心位于上海临港自贸区滴水湖西岛，是上海临港新区滴水湖畔的重要标志性建筑，也是上海市的重点超高层项目之一。项目距离市中心以及大型城市交通枢纽较远，距离上海市中心 75km，距离浦东机场 33km。项目总占地面积为 11hm²，总建筑面积约 28 万 m²，设有超甲级商务办公、五星级酒店和集中商业、银行等业态，是典型的办公主导型综合体。

上海中银金融中心作为岛屿上的开发项目，对外衔接通道受特殊地势条件限制，且具有多工况交通需求。强化对岸、对外交通衔接，并考虑多种工况下的交通设计需求是本项目交通设计的重点。因此，项目团队需要综合考虑外部交通条件、业态运营工况、交通需求，提出内部外部交通一体化考量的综合性、多样化交通设计方案。

贯彻以人为本的发展思路，项目团队结合"设施适度、点面协调""慢行有序、垂直互联""公交强化、无缝衔接"的低碳交通设计策略，提出了"提效降耗"的重点设计思路。结合岛屿开发项目的交通特点，抓住了现状综合体对外衔接通道单一的痛点，综合考虑了场地高差情况、多业态多工况交通需求，优化了综合体立体车行交通组织方案，构建了对外立体连通、对内立体循环的综合体交通系统；同时优化了超高层办公楼内部客梯性能及配置，整体实现了提效降耗的目标，实现了超高层办公主导型综合体的低碳化发展。

6.5.2 多向接驳

现状综合体对外衔接主要依靠南北两侧申港南二路和申港北二路，两条道路别为西向东、东向西单向道路（图 6.25）。为提升综合体对外交通衔接水平，需要考虑综合体运营需求，对连桥交通组织进行优化。

图 6.25　项目基地出入口

项目团队首先利用微观交通仿真模型评估了连桥单、双向交通组织方式的运行效率。仿真模型流量数据考虑未来交通流量增长，模拟高峰小时最不利工况，对不同方案下周边关键交通节点车均延误情况进行了对比。结果显示双向交通组织方案下节点延误略低（表 6.1），因此，建议将连桥调整为双向交通组织方式。

项目出入通道交通组织评价　　　　　　　　　　　　　　　　表 6.1

节点	单向组织平均延误（s）	双向组织平均延误（s）	节点分布
1	8.5	1.47	
2	40.3	37.4	
3	1.76	1.3	
4	1.93	0.49	

另一方面，考虑到单一的地面对外衔接通道并不能满足西岛多业态及多种交通方式的需求，同时外部公共交通衔接点距综合体较远，为打造公共交通无缝衔接交通方式，提高前往西岛人员的公共交通出行比例，实现碳减排的目标，除地面车行出入口外，方案在综合体西侧陆地设置了车行隧道与西岛地下室相衔接。在节假日等局部节点管控工况下，公交车可从远端道路直接进入西岛地下室，提升了交通效率，减少了区域拥堵风险（图 6.26）。

除地面交通外，由于综合体位于滴水湖西岛上，与滴水湖北岛艺术岛、南岛洲际酒店对望，视线开阔，水上交通条件优越，综合体还预留了游船码头，以通过水上交通实现与其余两岛的串联互通，丰富对外衔接交通模式（图6.27）。地上、地下、水上三种对外衔接模式极大地提高了西岛对外衔接效率。

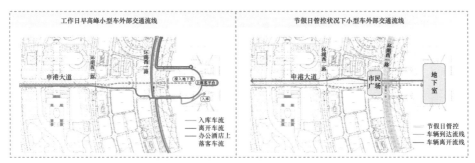

图6.26　不同工况小型车外部交通流线

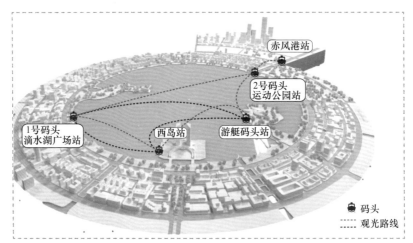

图6.27　水上交通路线

6.5.3　立体组织

结合对外衔接通道的优化，综合体设置了轨道接驳巴士、内部公交、员工巴士等交通服务模式，并在基地内部设计了对应的交通设施（图6.28），使综合体对外交通出行模式由单一的依赖小汽车转变为地铁＋接驳巴士、地铁＋常规公交、员工巴士等多元化交通方式。

通过在综合体内部地下设置公交站点，在地上设置接驳巴士上落客点、停车区、员工巴士上落客区，综合体引入了多种公共交通类型，使公交车辆、接驳巴士可通过多种方式直接来到项目基地，使项目在公共交通层面实现无缝衔接（图6.29）。

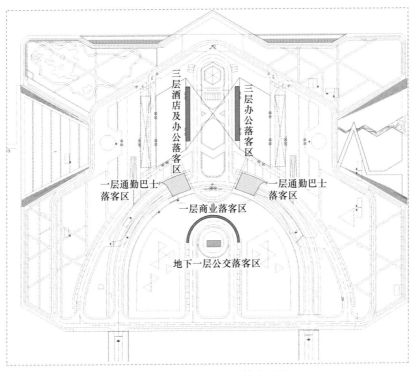

图 6.28　交通设施立体布局图

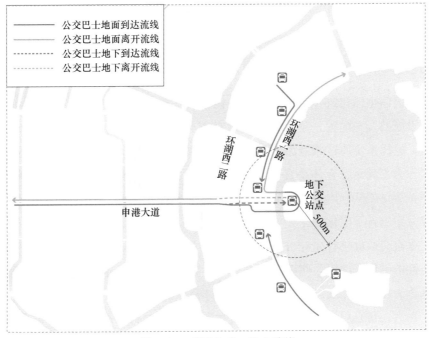

图 6.29　项目公交、巴士路线

由于综合体内部地势高差变化大，项目团队将"打造内部环路，构建立体循环"作为总平面交通设计概念，内部交通设置外环、中环、内环三个环路，通过立体循环组织不同车辆的交通流线。其中，地面外环为一层双向交通组织，主要服务出入库小汽车、大巴、货车；中环栈桥衔接一层和三层的交通，主要服务于小汽车上落客、出入库的交通组织；双内环为逆时针单向交通组织，服务于一层与二层的商业、酒店、办公的上落客车流（图6.30）。

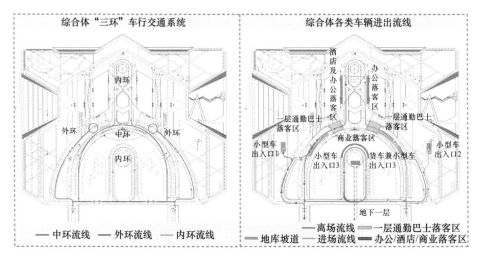

图 6.30 西岛内部立体交通设计概念

6.5.4 垂直交通

综合体主体建筑包括南塔、北塔两个标志性的高层塔楼，塔楼内的垂直交通设施的合理配置，是实现建筑内垂直交通高效节能、促进低碳化发展的关键。电梯系统的运载能力及服务水平是高层建筑垂直交通系统设计的重要因素。为了满足综合体垂直交通需求、降低电梯运行能耗、减少整体碳排放水平，项目团队利用垂直交通仿真技术对综合体的塔楼垂直交通性能和客梯配置方案进行了优化。

垂直交通优化首先充分结合了运营方的实际需求，在综合考虑舒适性与经济性的平衡条件下，明确各功能部分（高端办公、五星酒店、商业裙房等）的垂直运输设计标准，作为后续方案设计及评估的基础。

然后，仿真对建筑物内垂直设施的使用人数进行了合理预测，充分结合物业定位和招租计划，对于总部部分、散租部分区别对待。

最后，利用垂直交通仿真模拟软件对南北塔不同分区形式和电梯配置方案进行多轮比选，兼顾核心筒布局的合理性，最终确定结合避难层划分使用 3 个办公分区的形式，并基于 5min 运力、平均间隔时间、平均等候时间等关键指标，提出了电梯配置的数量和规格方案。

此外，经分析发现，综合体因自身设计特点形成了以三层为主要办公大堂的形式。如果所有核心筒直通电梯均下到地下室，将会造成各层运力下降及人员管理难度的提升，因此，综合体采用了办公客流从地库优先使用车库转换梯到达大堂后进行层间电梯转换的组织模式，最终得出了最优的电梯分区运行方案（图 6.31）。

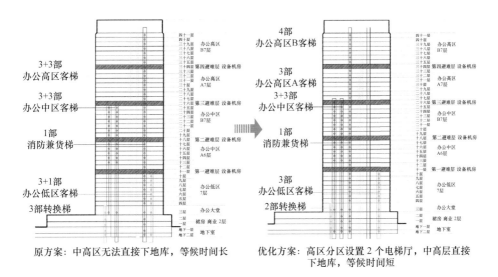

图 6.31　最初与优化后塔楼电梯设置方案

总体而言，项目团队在电梯功能上充分考虑了提高运力、减少能耗的相关需求，并采用了目的选层系统、能量反馈设备等措施，打造了高效节能的垂直交通体系。

6.6　量能匹配——厦门大悦城商业综合体

6.6.1　概述

冯海霞等研究表明，城市交通处于轻度至严重拥堵时，我国城市机动车

的 CO_2 年排放量可达畅通状态下的 4.46～11.12 倍，造成碳排放的大量增加。此外，综合体内部的垂直交通设施是其日常运营中的主要能耗来源之一。减少 1 组扶梯即可每年节约超过 2 万 kW·h 的电能。通过量能匹配的交通设计手段，降低拥堵、提升整体能源利用效率，是低碳交通理念在厦门大悦城商业综合体交通咨询项目中的应用点。

厦门大悦城商业综合体位于厦门市集美新城杏林湾 CBD 核心区内，定位为海西城市商旅地标，日均客流量可达 10 万人次，人流、车流极为密集。在外部，项目虽四周均有道路环绕，但都存在不同程度的交通拥堵，进出交通流"通而不畅"。在内部，扶梯等垂直交通设施存在冗余，造成了不必要的能源浪费与碳排放。

结合量化分析，可通过完善外围交叉口信控配时及渠化方案优化项目周边交通状况，提高车辆进出效率，降低拥堵水平；可通过精简优化内部垂直交通设施提升设施设置的合理性，降低能源消耗，从而实现商业综合体的交通低碳化发展。

6.6.2 有序疏解

为了提升综合体交通可达性、减少道路拥堵、降低综合体整体交通碳排放水平，项目团队利用微观交通仿真技术，对远期大悦城周边道路车行交通运行情况进行了仿真模拟分析，并对道路及交叉口的服务水平进行了动态分析。在分析过程中，评价指标是交通系统设计与运行中的一个重要因素，通过对饱和度的综合评价可将交通运行水平划分为不同服务水平（表 6.2、表 6.3）。

道路交通主要评价指标　　　　　　　　　　　　　　　表 6.2

道路服务水平	饱和度范围	运行状况
A 级	≤0.27	十分畅通
B 级	(0.27，0.57]	比较畅通
C 级	(0.57，0.70]	不甚畅通，但可接受
D 级	(0.70，0.85]	拥挤
E 级	(0.85，1.00]	十分拥挤
F 级	>1.00	阻塞

交叉口主要评价指标 表 6.3

服务水平	信号交叉口	无信号交叉口
A 级	延误时间 $t \leqslant 10s$，或因无车辆运行、交通拥堵等情况无交通量	
B 级	$10s < t \leqslant 20s$	$10s < t \leqslant 15s$
C 级	$20s < t \leqslant 35s$	$15s < t \leqslant 25s$
D 级	$35s < t \leqslant 55s$	$25s < t \leqslant 35s$
E 级	$55s < t \leqslant 80s$	$35s < t \leqslant 50s$
F 级	$t > 80s$	$t > 50s$

仿真模拟能够对道路交通运行情况进行量化评估，然后可基于评估结果从信控方案、交叉口渠化方案等方面进行优化，具体优化措施如下。

（1）对信控方案进行检验和优化。项目团队基于现状交通量的调查及城市汽车保有量的研究，对周边道路进行仿真模拟。结合仿真分析，开业年周边道路的整体服务水平良好，但杏林湾路与诚毅中路交叉口服务水平达到 F 级、诚毅中路及瓦山西路交叉口服务水平达到 E 级，拥堵较为严重，对周边交通碳排放影响较大（图 6.32）。

基于以上分析，对杏林湾路与诚毅中路信控配时进行了优化，缩短信号周期至 130s，并对现有的交叉口渠化方案进行再设计，同时新增诚毅中路与瓦山西路交叉口信控方案，信控周期为 80s（图 6.33）。优化后目标年交叉口服务水平基本稳定在 C～D 级，满足高峰小时稳定运营需求。

（2）交叉口精细化设计。在杏林湾路南段进口段新增了左转专用道、人行过街设施，以减少综合体西侧、南侧来车绕行距离，同时提升基地的慢行可达性（图 6.34）。

对交叉口进行调整后，区域仅 1 个高峰小时即可减少 426pcu，折合 148km 的车辆绕行距离，车辆行驶产生的碳排放量显著降低（图 6.35）。

为保证调整的可行性、合理性，项目团队利用微观交通仿真模型进一步验证了交叉口调整的影响水平。经过信控配时方案优化与多次仿真模拟，综合体西南、东南、东北三处主要交叉口服务水平均为 C 级，与原有方案交叉口服务水平保持一致，满足高峰小时稳定运营需求，拥堵风险较小，有利于降低综合体外部车行交通系统的碳排放水平（图 6.36）。

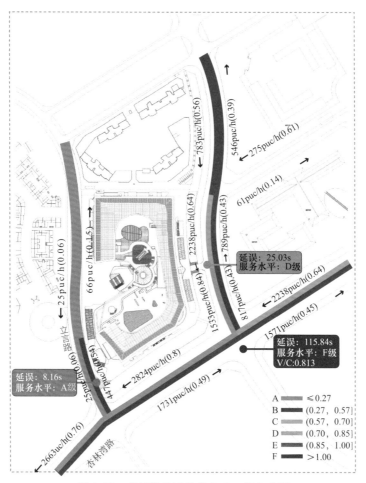

图 6.32 项目周边道路及交叉口服务水平

图 6.33 信号交叉口配时优化图及交叉口服务水平

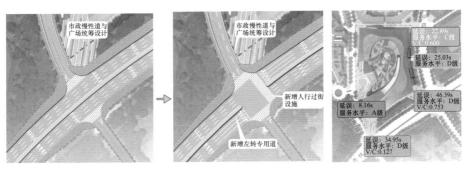

图 6.34　交叉口优化图及服务水平

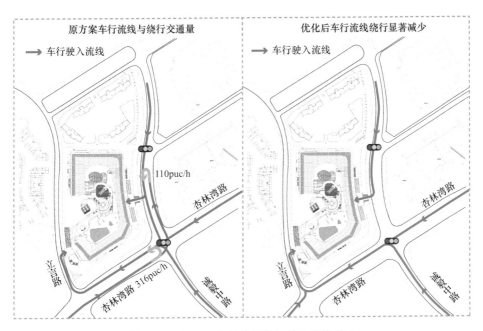

图 6.35　交叉口改造前后车辆驶入流线对比

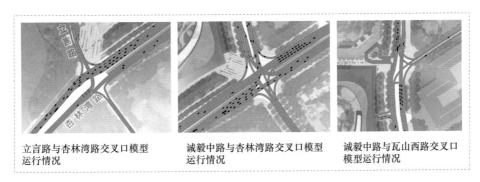

立言路与杏林湾路交叉口模型运行情况　　诚毅中路与杏林湾路交叉口模型运行情况　　诚毅中路与瓦山西路交叉口模型运行情况

图 6.36　微观交通仿真模拟

·6.6.3 量能匹配

在综合体内部，自动扶梯是综合体日常运营的重要机电设备，日常能源消耗较大。为了进一步提升综合体低碳化水平，项目团队对整体扶梯客运量、扶梯服务范围进行了精细化的测算（图 6.37）。项目团队首先对综合体整体扶

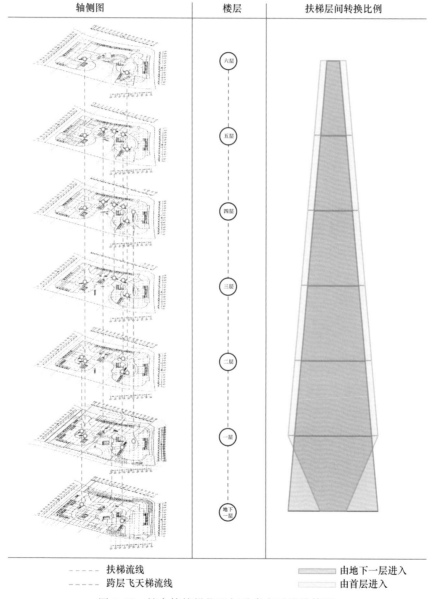

图 6.37 综合体扶梯位置与垂直交通流线梳理

梯设置方案与垂直交通流线进行了梳理，在垂直方向上，综合体各层间设置扶梯 3～5 组不等，并包含 1 组一层至四层的飞天梯。

一层、地下一层是综合体的主要客流入口，客流从一层、地下一层向其他层逐步扩散。根据综合体各层商业面积测算，从一层、地下一层至高层垂直交通客流量逐步降低，其中一层至二层垂直交通客流量最大，高峰小时上行客流量约 4736 人次/h，下行客流量约 5133 人次/h。

从通行能力角度，按较高的 A 级服务水平标准进行测算，综合体一层至二层共需扶梯≥3 组，综合体内总计需设置扶梯≥19 组。而在当前方案中，综合体内部各层共设置了 24 组扶梯，扶梯服务水平冗余度较高，在运营过程中将造成能源的浪费与碳排放的增加。

在空间覆盖率角度，一层两组扶梯位置与功能接近，服务覆盖范围重复率高，将产生不必要的运营能耗与碳排放量。三至五层中部扶梯也存在同样情况。因此，综合扶梯通行能力、空间覆盖率两方面进行考虑，项目团队从"能耗降低、低碳运营"的设计原则出发，对一层、三层扶梯数量进行了缩减，使扶梯总数从 24 组降低至 19 组，每年能够节约超过 10 万 kW·h 电能（图 6.38）。

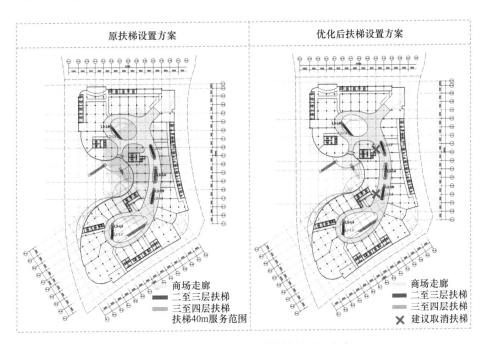

图 6.38 通过量化分析精简扶梯设置方案

通过对综合体各层垂直交通系统客流量与扶梯空间覆盖范围的量化分析，项目团队识别了综合体垂直交通系统中的冗余部分，并在不影响综合体垂直交通通行能力与服务水平的情况下提出了设施精简方案，从而降低了综合体运营能耗、提升了综合体交通低碳化水平。

6.7 小结

城市综合体是城市重要的、综合化的目的地，是低碳交通设计的重要落地场景。不同类型的城市综合体在建筑形态、功能业态、客流特征等方面存在差异，其低碳交通设计手段与重点也不尽相同。根据综合体类型可大致概括如下：商业主导型综合体应注重量能匹配的交通设计，以提升对外衔接效率与内部扶梯的运营效率；办公主导型综合体可引入多种公共交通模式，并优化塔楼内部垂直交通运营效率；混合功能型综合体应设计串联不同业态的车行交通系统，并在竖向上保证慢行客流的立体连通；TOD上盖型综合体应实现对外车行交通的多维连通，并促进慢行交通与轨道站点的无缝衔接；会展主导型综合体则应注重多种交通系统间的总体分离与有机衔接，并通过接驳系统优化与城市公共交通系统的衔接。

综上所述，城市综合体的低碳交通设计主要从提升车行交通效率、减少内外拥堵风险、促进交通系统绿色转型和优化垂直交通设施运行能效四方面着手，通过不同的设计手段实现交通的低碳化运行。而为了保证低碳交通设计与综合体建筑设计的相互匹配，低碳设计应做到：①使交通设计贯穿建筑设计的所有阶段，与建筑设计紧密结合，确保低碳交通理念落实到设计方案中；②总体把控与外部交通的衔接，确保外部到达城市综合体的交通模式以绿色低碳模式为主导；③综合体内部交通应贯彻以人为本的设计理念，将人性化设计融入车行交通和人行交通的设计过程中。

城市综合体低碳交通设计采用的主要技术手段包括了需求测算、仿真分析、平面交通设计、垂直交通设计等。在应用技术的过程中，应注意：①针对性的交通需求预测是低碳交通设计的基础，不同类型的城市综合体因其业态类型、开发规模、所在区位特征等特点，吸引的人群、出行方式、出行体验需求都会有一定的差异；②平面交通设计应以精细化设计、人性化设计为主，并以提升交通效率、降低碳排放水平为导向；③垂直交通设计应注意不同综合体建筑的需求，以高效连通、设施节能为设计目标。

当前，城市综合体交通设计所能采用的技术还十分有限，而在未来，随着大数据、云计算、XR 技术、人工智能技术、自动驾驶技术的逐步成熟，城市综合体交通设计也能够凭借新的技术进一步降低建筑交通系统碳排放水平，例如需求预测与大数据的结合可有效提高预测的精度，定量化分析交通的碳排放水平；VR 技术、三维可视化仿真技术可对交通设计方案进行多情景测试和对比，分析交通方案的利弊；室内导航、反向寻车等技术结合交通引导标识设计，可提高内部交通效率和人性化程度等。城市综合体交通设计应当紧密结合硬件、软件技术的发展，为城市提供更便捷、更高效、更低碳的综合体交通系统。

参 考 文 献

［1］ 中共中央国务院印发《国家综合立体交通网规划纲要》［J］. 中华人民共和国国务院公报，2021，1727（8）：25-37.

［2］ 中华人民共和国住房和城乡建设部. 城市综合交通体系规划编制导则［Z］. 2008.

［3］ 中国交通低碳转型发展战略与路径研究课题组. 碳达峰碳中和目标下中国交通低碳转型发展战略与路径研究［M］. 北京：人民交通出版社，2021.

［4］ 中华人民共和国住房和城乡建设部，国家市场监督管理总局. 城市客运交通枢纽设计标准：GB/T 51402—2021［S］. 北京：中国建筑工业出版社，2021.

［5］ 东京都环境局. 零排放东京战战 2020 Update&Report.［EB/OL］.（2021-06）［2022-03-20］http://www. kankyo. metro. tokyo. jp/policy_others/zeroemission_tokyo/strategy_2020update. html

［6］ Paris climate action plan：Towards a carbon neutral city and 100% renewable energies［EB/OL］.（2019-07-24）［2022-04-12］https://cdn. paris. fr/paris/2019/07/24/1a706797eac9982aec6b767c56449240. pdf.

［7］ Greater London Authority. London environment strategy.［EB/OL］（2018）［2022-04-12］https://www. london. gov. uk/sites/default/files/london_environment_strategy_0. pdf.

［8］ IEA. Net zero by 2050：A roadmap for the global energy sector［R］. 2021.

［9］ Los Angeles Regional Collaborative for Climate Action and Sustainability. A Greater LA：Climate action framework［EB/OL］.（2016-11-18）［2022-04-12］climateaction. la/transportation/.

［10］ National Association of City Transportation Officials. Blueprint for autonomous urbanism［R］. 2018.

［11］ La carte paris respire［EB/OL］.（2022）［2022-03-20］. https://www. paris. fr/pages/paris-respire-2122.

［12］ Transport for London. London mayor's transport strategy ［EB/OL］
（2018）［2022-03-20］ https：//content. tfl. gov. uk/cycling-action-plan-large-
print-version. pdf.

［13］ City of paris：Carbon neutral by 2050 for a fair，inclusive and resilient
transition｜France ［EB/OL］（2018）［2022-03-20］ https：//unfccc. int/
climate-action/un-global-climate-action-awards/climate-leaders/city-of-
paris.

［14］卞雪航，张毅，陈书雪，等. 城镇化视角的国外低碳交通发展经验研究
［J］. 综合运输，2016，38（10）：36-41＋79.

［15］陈晓春，蒋道国. 新型城镇化低碳发展的内涵与实现路径 ［J］. 学术论
坛，2013，36（4）：123-127.

［16］陈迎，巢清尘，等. 碳达峰、碳中和 100 问 ［M］. 北京：人民日报出
版社，2021.

［17］储梁. 绿色城市设计与低碳城市规划——新型城镇化下的趋势 ［J］. 城
市建设理论研究（电子版），2017（4）：36-37.

［18］储龙霞. 大型体育赛事举办后的社会影响及评估内容研究 ［J］. 体育与
科学，2011，32（5）：82-85＋103.

［19］第五博，张栩诚，张睿. 机场综合交通中心构型布局及流线组织 ［J］.
工业建筑，2018，48（12）：27-30＋108.

［20］丁孟雄. 从形态可持续的角度建构 TOD 评价体系初探 ［C］//中国城市
规划学会. 城乡治理与规划改革——2014 中国城市规划年会论文集. 北
京：中国建筑工业出版社，2014.

［21］杜倩雨，赵光华，洪于亮，等. 绿色交通主导的街道更新实践与思
考——以北京市平安大街（西城段）改造为例 ［J］. 城市交通，2022，
20（5）：67-74＋129.

［22］冯海霞，王兴渝，咸化彩，等. 城市交通运行状况对机动车碳排放的影
响研究 ［J］. 交通运输系统工程与信息，2022，22（4）：167-175.

［23］郭佳樑，张丽娟，叶平一，等. 行人仿真在大型活动散场组织中的交互
与应用 ［J］. 交通与运输，2022，35（S1）：240-245.

［24］郝世洋，孟令扬，赵光华，等. "站城一体" 铁路客运枢纽交通规划评
价指标研究 ［J］. 城市交通，2022，20（3）：38-44＋99.

[25] 郝世洋，吴哲凌，赵光华，等．老城区交通改善规划实践——以银川新华商圈为例 [J]．交通与运输，2020，33 (S2)：35-38＋61.

[26] 洪于亮，叶平一，赵林，等．大型活动行人交通运行安全保障研究 [J]．交通与运输，2020，33 (S2)：95-99.

[27] 江雪峰，李橘云．枢纽机场周边交通系统形态研究——以广州市为例 [J]．交通标准化，2014，42 (9)：7-10.

[28] 李盛楠．站城一体化的城市公共空间：北京城市副中心站综合交通枢纽，从概念设计到实施方案的思考 [J]．建筑技艺，2020，26 (9)：66-71.

[29] 李兴钢，武显锋．山林场馆·生态冬奥——北京冬奥会延庆赛区规划、场馆及基础设施设计综述 [J]．建筑学报，2021 (Z1)：69-76.

[30] 李晔，包琁，王显璞．低碳交通体系的内涵、构建战略及路径 [J]．建设科技，2011 (17)：29-33.

[31] 李中．"两型社会"建设背景下湖南新型城镇化路径研究 [D]．长沙：中南大学，2014.

[32] 李作敏，等．中国中心城市交通可持续发展模式与对策研究 [R]．北京：交通部科学研究院，2010.

[33] 刘翔，刘志旗，廖芳龄．城市综合客运枢纽交通咨询评估方法探讨——以无锡市火车站北广场综合客运枢纽为例 [J]．价值工程，2011，30 (21)：92-93.

[34] 刘小明，陈艳艳，荣建．大型活动交通组织规划理论与方法 [M]．北京：科学出版社，2010.

[35] 刘艺，魏艳艳．大型综合交通枢纽规划设计关键技术 [J]．交通与运输，2020，36 (5)：1-4.

[36] 陆超，杨世仪．城市交通低碳发展的路径分析 [J]．人民论坛，2022 (15)：69-71.

[37] 卢春房，张航，陈明玉．新时代背景下的交通运输高质量发展 [J]．中国公路学报，2021，34 (6)：1-9.

[38] 马林．新中国城市交通规划的探索与发展 [J]．国际城市规划，2019，34 (4)：49-53＋71.

[39] 莫杨辉．新型城镇化与综合交通发展互适性研究 [D]．武汉：武汉理工大学，2021.

［40］钱林波，彭佳，梁浩. 国土空间综合交通体系规划的新要求与新内涵［J］. 城市交通，2020，19（1）：13-18＋81.

［41］苏跃江. 基于 TRANSCAD 和 VISSIM 的人工交通仿真平台系统——以淄博市为例［D］. 淄博：山东理工大学，2010.

［42］王建国，王兴平. 绿色城市设计与低碳城市规划——新型城市化下的趋势［J］. 城市规划，2011，35（2）：20-21.

［43］王婕，刘璇. 地下交通枢纽交通衔接系统设计——以北京副中心站为例［J］. 城市住宅，2019，26（4）：6-11.

［44］杨成颢. 日本轨道交通枢纽车站核心影响区再开发研究［D］. 厦门：华侨大学，2018.

［45］杨儒浦，冯相昭，赵梦雪，等. 欧洲碳中和实现路径探讨及其对中国的启示［J］. 环境与可持续发展，2021，46（3）：45-52.

［46］张军，田锋，袁翀. 贴合城市细分需求的道路交通设计——以深圳市观澜大道改造为例［C］//中国城市规划学会城市交通规划学术委员会，中国城市规划设计研究院. 2017 年中国城市交通规划年会论文集. 北京：中国建筑工业出版社，2017：632-638.

［47］张泉，黄富民，王树盛，等. 低碳生态的城市交通规划应用方法与技术［M］. 北京：中国建筑工业出版社，2016.

［48］张天然，王波. 上海 2035 年公共交通分担率研究［J］. 交通与港航，2018，5（2）：42-49.

［49］张毅，欧阳斌. 适应新型城镇化的低碳交通运输发展战略与政策研究［M］. 北京：人民交通出版社，2019.

［50］赵光华，孟令扬，郝世洋，等. 大学城路网规划方法研究［J］. 交通科技与经济，2020，22（2）：5-10＋25.

［51］赵楠楠. 冬奥会高山滑雪中心功能组织设计研究——以国家高山滑雪中心为例［D］. 南京：东南大学，2021.

［52］曾林慧，李光明，黄菊文，等. 大型活动交通出行的碳排放及碳减排［C］//中国环境科学学会. 2011 中国环境科学学会学术年会论文集（第三卷）. 北京：中国环境科学出版社，2011：6.

［53］曾小林. 城市高密度土地利用与交通系统一体化布局规划研究［D］. 重庆：重庆交通大学，2009.